MW00882354

Inhaltsverzeichnis

Einleitung   3

Der menschliche Körper   3

Das Tierreich   10

Verrückte Vorstellungen und Irrglauben von damals   21

Komische Traditionen und Bräuche   24

Wir lieben unsere Haustiere   28

Seltsame Weltrekorde und Fähigkeiten   38

Alles über Dinosaurier   45

Unglaubliche Fakten über unser Essen   49

Verrückte Erfindungen und Erfinder   60

Planeten und Weltall   66

Berühmte Personen der Vergangenheit   73

Berühmte Personen der Gegenwart   78

Psychologie und Verhalten   84

Geographie und Kontinente   89

Erstaunliche historische Fakten   96

Sport und Spiele   103

Mythen und geheimnisvolle Artefakte   108

Wirtschaft und Währungen   112

Pflanzen und Insekten   115

Mode und Kleidung   118

Berühmte Monster und Verschwörungstheorien   120

Kriege und Schlachten   124

Verbrechen und Gefängnisse   128

Film und Kino   132

Musik und Instrumente   137

Einleitung

Hast du dich jemals gefragt, was die Natur, die Wissenschaft oder sogar die Menschen so faszinierend macht? In diesem Buch findest du skurrile Details und verblüffende Fakten über unsere Welt, wo selbst die seltsamsten Ideen vollkommen Sinn ergeben, sobald du tiefer eintauchst! Von den unerwartetsten Helden des Tierreichs bis hin zu den brillanten Erfindungen, die die Geschichte geprägt haben – dieses Buch ist voller Überraschungen, die dich neugierig, amüsiert und hungrig nach mehr Wissen zurücklassen werden. Also, setz deinen Denkerhut auf, schnall dich an, und lass uns einige der coolsten Fakten erkunden, von denen du nie gewusst hast!

Der menschliche Körper

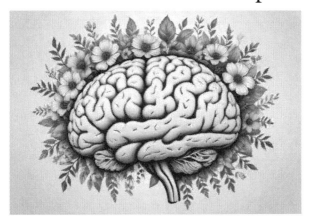

- Dein Gehirn enthält etwa 86 Milliarden Neuronen, die über Billionen von Synapsen kommunizieren und ein komplexes Netzwerk bilden, das riesige Mengen an Informationen verarbeiten kann.

- Menschliche Knochen sind etwa fünfmal stärker als Stahl von gleicher Dichte und, unzenweise betrachtet, stärker als Beton.

- Würde man die DNA aus allen deinen Zellen entwirren, würde sie über 600 Mal von der Erde zur Sonne und zurück reichen.

- Die Leber kann sich regenerieren, selbst wenn nur 25 % von ihr übrig sind, was sie zum einzigen inneren Organ macht, das sich in erheblichem Maße regenerieren kann.

- Die Oberfläche einer menschlichen Lunge ist dank der winzigen Luftsäcke, den Alveolen, etwa so groß wie ein Tennisplatz.

- Die Magenschleimhaut erneuert sich alle 3-4 Tage, um zu verhindern, dass der Magen sich selbst durch seine Säuren verdaut.

- Die Säure in deinem Magen ist so stark, dass sie Rasierklingen auflösen könnte, obwohl die Schleimhaut des Magens ihn vor Selbstverdauung schützt.

- Menschen verlieren täglich etwa 50-100 Haare, aber haben dennoch rund 100.000 Haare auf der Kopfhaut.

- Ein erwachsener Mensch besteht aus etwa 7 Oktillionen Atomen, eine so unvorstellbar große Zahl.

- Dein Dünndarm ist trotz seines Namens etwa 5,5 Meter lang, also länger als deine Körpergröße.

- Der durchschnittliche Mensch hat etwa 4-6 Liter Blut, das 3 Mal pro Minute durch den Körper zirkuliert, was bedeutet, dass es täglich über 19.000 Kilometer zurücklegt.

- Ein Quadratzoll menschlicher Haut enthält etwa 19 Millionen Zellen und 60.000 Melanozyten, die für die Pigmentproduktion verantwortlich sind.

- Deine Augen können etwa 10 Millionen verschiedene Farben unterscheiden, dank der komplexen Anordnung von Stäbchen und Zapfen in der Netzhaut.

- Die Muskeln, die deine Augen kontrollieren, gehören zu den am schnellsten reagierenden Muskeln im Körper und ermöglichen eine schnelle Fokusanpassung.

- Die Fingerabdrücke jedes Menschen sind einzigartig, und dasselbe gilt für den Zungenabdruck, der ebenfalls ein unverwechselbares Identifikationsmerkmal ist.

- Das Gehirn verbraucht etwa 20 % deiner gesamten Energie, obwohl es nur 2 % deines Körpergewichts ausmacht.

- Deine Zähne sind Teil des Skelettsystems, regenerieren sich jedoch nicht, sobald die bleibenden Zähne durchbrechen, im Gegensatz zu Knochen, die sich selbst heilen können.

- Blutgefäße eines durchschnittlichen Erwachsenen, aneinandergereiht, würden über 96.000 Kilometer lang sein – genug, um die Erde zweimal zu umkreisen.

- Das Gehirn kann genug elektrische Energie erzeugen, um eine kleine LED-Lampe zum Leuchten zu bringen, dank der neuronalen Aktivität.

- Dein Körper produziert täglich etwa 1-2 Liter Speichel, was für die Verdauung und die Mundhygiene unerlässlich ist.

- Das Herz schlägt etwa 100.000 Mal am Tag und pumpt fast 7.570 Liter Blut durch den Kreislauf.

- Der stärkste Muskel des menschlichen Körpers, bezogen auf sein Gewicht, ist der Kaumuskel, der bis zu 90 Kilogramm Druck auf die Backenzähne ausüben kann.

- Deine Augen können Bilder in nur 13 Millisekunden verarbeiten, was schneller ist als ein Wimpernschlag.

- Die Nase kann über eine Billion verschiedene Gerüche identifizieren, dank des komplexen olfaktorischen Systems, obwohl nicht alle bewusst wahrgenommen werden.

- Fingernägel wachsen etwa viermal schneller als Zehennägel, wahrscheinlich aufgrund ihrer häufigeren Nutzung und Exposition.

- Menschlicher Speichel enthält ein natürliches Schmerzmittel namens Opiorphin, das mehrere Male stärker ist als Morphin.

- Die durchschnittliche Lebensdauer einer Geschmacksknospe beträgt etwa 10 bis 14 Tage, danach werden sie durch neue ersetzt.

- Es gibt etwa 650 Skelettmuskeln im menschlichen Körper.

- Deine Knochen werden ständig durch einen Prozess namens Knochenumbau erneuert, bei dem altes Knochengewebe durch neues ersetzt wird.

- Jeder menschliche Fuß hat 26 Knochen, was etwa einem Viertel der Gesamtzahl der Knochen im Körper entspricht.

- Die Ohren sind für das Gleichgewicht verantwortlich, da sie das Vestibularsystem enthalten, das hilft, das Gleichgewicht zu halten.

- Gänsehaut ist ein Überbleibsel unserer evolutionären Vergangenheit, als sich das Körperhaar aufstellte, um uns größer und einschüchternder erscheinen zu lassen.

- Das Gehirn kann auch im Erwachsenenalter neue neuronale Verbindungen bilden und sich durch einen Prozess namens Neuroplastizität anpassen.

- Der durchschnittliche Mensch atmet etwa 22.000 Mal am Tag und nimmt dabei mehr als 9.800 Liter Luft auf.

- Der menschliche Embryo entwickelt Fingerabdrücke innerhalb der ersten drei Monate der Schwangerschaft, die ein Leben lang einzigartig bleiben.

- Deine Leber erfüllt über 500 wichtige Funktionen, darunter Entgiftung, Stoffwechsel und die Produktion von Galle.

- Dein Körper hat mehr Bakterienzellen als menschliche Zellen, mit über 100 Billionen Bakterien, die hauptsächlich im Darm leben.

- Die rechte Lunge ist etwas größer als die linke, da die linke Lunge Platz für das Herz benötigt.

- Menschliche Zähne sind fast so hart wie Granit, dank des hohen Mineralgehalts des Zahnschmelzes, der härtesten Substanz im Körper.

- Deine Körpertemperatur schwankt im Laufe des Tages und ist morgens in der Regel am niedrigsten und am späten Nachmittag am höchsten.

- Ein durchschnittlicher Mensch kann mehrere Wochen ohne Nahrung überleben, würde aber nur wenige Tage ohne Wasser auskommen.

- Die größte Zelle im menschlichen Körper ist die weibliche Eizelle, die mit bloßem Auge sichtbar ist, während die kleinste die männliche Samenzelle ist.

- Die Plazenta, ein Organ, das die Entwicklung des Fötus unterstützt, ist das einzige Organ, das vorübergehend entwickelt wird und nach der Geburt abgestoßen wird.

- Menschen haben ein rudimentäres Steißbein, das ein Überbleibsel eines früheren Schwanzes ist.

- Deine Augenbrauen helfen, Schweiß und Regen aus den Augen fernzuhalten und dienen als Schutzbarriere.

- Menschliche Muskeln machen etwa 40 % des Körpergewichts aus, wobei der Gluteus maximus (Gesäßmuskel) der größte ist.

- Die Zirbeldrüse im Gehirn ist für die Regulierung des Schlafrhythmus verantwortlich, indem sie Melatonin freisetzt.

- Wenn eine Person errötet, wird auch die Magenschleimhaut rot, da der Blutfluss erhöht wird.

- Das Kniegelenk ist das größte Gelenk im Körper und spielt eine entscheidende Rolle beim Gehen, Laufen und Stehen.

- Die menschliche Haut erneuert sich etwa alle 27 Tage vollständig durch einen kontinuierlichen Prozess des Absterbens und Nachwachsens.

- Die Hornhaut ist der einzige Teil des Körpers ohne Blutversorgung; sie erhält ihren Sauerstoff direkt aus der Luft.

- Menschen sind in der Lage, etwa 30.000 bis 40.000 abgestorbene Hautzellen pro Minute abzuscheiden.

- Wimpern haben eine durchschnittliche Lebensdauer von etwa fünf Monaten, während der Wimpernwachstumszyklus drei Phasen durchläuft: Wachstum, Abbau und Ruhe.

- Der längste Zeitraum zwischen der Geburt von Zwillingen beträgt 87 Tage.

- Der am schnellsten wachsende Nagel befindet sich am Mittelfinger, während der langsamste am Daumen wächst.

- Im Laufe deines Lebens wirst du genug Speichel produzieren, um zwei Schwimmbecken zu füllen.

- Ein Niesen erzeugt einen Luftstrom von 160 km/h und kann 100.000 Keime in die Luft schleudern.

- Dein Gehirn verbraucht 20 % des gesamten Sauerstoffs und Blutes in deinem Körper.

- Würde man das Gehirn eines Erwachsenen entfalten, wäre es etwa so groß wie ein Kopfkissenbezug.

- Babys werden mit 300 Knochen geboren, aber als Erwachsene haben sie nur noch 206, da mehrere Knochen miteinander verschmelzen.

- Der kleinste Knochen im menschlichen Körper ist der Steigbügelknochen im Ohr; er ist kleiner als ein Reiskorn.

- Du atmest durchschnittlich etwa 8.409.600 Mal im Jahr.

- Mehr als die Hälfte deiner Knochen befinden sich in den Händen, Handgelenken, Füßen und Knöcheln.

- Es braucht 17 Muskeln, um zu lächeln, und 43, um zu schmollen.

- Der menschliche Körper enthält etwa 0,2 Milligramm Gold, von denen sich die meisten im Blut befinden.

- Menschliches Haar ist praktisch unzerstörbar, abgesehen von seiner Entflammbarkeit — es zersetzt sich so langsam, dass es nahezu nicht verrottbar ist.

- Die Spannweite deiner ausgestreckten Arme entspricht ungefähr deiner gesamten Körpergröße.

- Der menschliche Körper kann Geschmack in nur 0,0015 Sekunden wahrnehmen, schneller als ein Wimpernschlag.

- Manche Menschen haben eine zusätzliche Rippe, bekannt als Halsrippe, die manchmal gesundheitliche Probleme wie Nervenkompression verursachen kann.

- Menschliche Knochen sind hohl, aber gefüllt mit Knochenmark, einem schwammartigen Gewebe, das täglich rund 500 Milliarden Blutzellen produziert.

Das Tierreich

- Oktopusse haben drei Herzen; zwei pumpen Blut zu den Kiemen, während das dritte Blut durch den Körper zirkuliert.

- Delfine können sich im Spiegel erkennen, was auf ein Selbstbewusstsein ähnlich dem von Menschen und großen Menschenaffen hinweist.

- Krähen verwenden Werkzeuge wie Stöcke und Blätter, um nach Insekten zu suchen und Probleme zu lösen.

- Elefanten sind in der Lage, Empathie zu zeigen, einander zu helfen und emotionale Intelligenz zu demonstrieren.

- Männliche Löwen ruhen bis zu 20 Stunden am Tag, wobei der Großteil der Jagd den Löwinnen überlassen wird.

- Koalas schlafen bis zu 18 Stunden am Tag, da ihre Eukalyptusblätter-Diät nur wenig Kalorien liefert.

- Fledermäuse orientieren sich in völliger Dunkelheit mithilfe von Echolokation, indem sie hochfrequente Geräusche aussenden, die von Objekten zurückgeworfen werden.

- Buckelwale singen komplexe "Lieder", die bis zu 20 Minuten dauern und über große Entfernungen unter Wasser übertragen werden.

- Pinguine können bis zu 450 Meter tief tauchen und über 20 Minuten die Luft anhalten, während sie jagen.

- Afrikanische Elefanten kommunizieren über Infraschall, wodurch Nachrichten über Kilometer hinweg übertragen werden können.

- Gorillas leben in Familiengruppen, die von einem dominanten Silberrücken-Männchen angeführt werden, das die Gruppe schützt.

- Oktopusse können durch winzige Öffnungen schlüpfen, da ihre Körper keine Knochen haben und äußerst flexibel sind.

- Papageien ahmen menschliche Sprache nach, dank ihres hochentwickelten Syrinx, einem einzigartigen Stimmorgan bei Vögeln.

- Männliche Pfauen fächern bunte Federn auf, um Partner anzulocken und Rivalen einzuschüchtern.

- Schwertwale jagen in koordinierten Gruppen, indem sie Strategien anwenden, die auf ihre Beute abgestimmt sind.

- Pferde können im Stehen schlafen, dank eines Mechanismus in ihren Beinen, der als Halteapparat bekannt ist.

- Kaninchen sind dämmerungsaktiv, das heißt, sie sind am aktivsten bei Sonnenauf- und -untergang.

- Tiger sind Einzelgänger und haben Jagdgebiete, die sich über Hunderte von Quadratkilometern erstrecken.

- Kängurus nutzen ihre muskulösen Schwänze als fünftes Gliedmaß, um beim Hüpfen das Gleichgewicht zu halten.

- Schimpansen verwenden Stöcke, um nach Termiten zu fischen, und Blätter, um Wasser aufzusaugen.

- Seelöwen erkennen die Stimmen ihrer Partner und Nachkommen.

- Waschbären können Gläser, Türen und Riegel öffnen, was beeindruckende Problemlösungsfähigkeiten zeigt.

- Biber bauen ausgeklügelte Dämme und Hütten, um sichere Lebensräume zu schaffen, und ihre Zähne wachsen unaufhörlich weiter.

- Zebras haben einzigartige Streifenmuster, ähnlich wie Fingerabdrücke, die zur Identifizierung innerhalb der Herde verwendet werden.

- Große Weiße Haie haben mehrere Reihen gezackter Zähne, die kontinuierlich ersetzt werden.

- Tauben finden dank ihrer Magnetfeldwahrnehmung ihren Weg über Tausende von Kilometern nach Hause.

- Weißkopfseeadler paaren sich ein Leben lang und bauen enorme Nester, zu denen sie Jahr für Jahr zurückkehren.

- Clownfische bilden symbiotische Beziehungen zu Seeanemonen, die ihnen Schutz bieten, während sie im Gegenzug Nährstoffe liefern.

- Faultiere haben spezialisierte Krallen, die ihnen helfen, sich an Ästen festzuhalten; sie steigen nur einmal pro Woche herab, um ihren Kot abzusetzen.

- Schneeleoparden können bis zu 15 Meter weit springen, um Beute zu fangen oder felsiges Gelände zu überqueren.

- Geparden sind die schnellsten Landtiere und erreichen Geschwindigkeiten von bis zu 113 km/h.

- Papageientaucher können mehrere Fische gleichzeitig im Schnabel halten, um effizient Nahrung zu sammeln.

- Kojoten gedeihen in städtischen Umgebungen und ernähren sich von einer Vielzahl von Nahrungsmitteln, einschließlich Abfällen.

- Kolibris haben einen schnellen Stoffwechsel und konsumieren täglich die Hälfte ihres Körpergewichts an Nektar.

- Gorillas bauen jede Nacht neue Nester, entweder am Boden oder in Bäumen.

- Eulen können ihren Kopf dank einzigartiger Halswirbel um bis zu 270 Grad drehen.

- Kaiserpinguine trotzen extremen Minustemperaturen und brüten ihre Eier auf ihren Füßen aus, um sie warm zu halten.

- Kühe haben vierkammerige Mägen, die es ihnen ermöglichen, harte Pflanzennahrung zu verdauen.

- Ein Oktopus kann seine Farbe und Textur ändern, um nahtlos mit seiner Umgebung zu verschmelzen.

- Klapperschlangen haben wärmeempfindliche Gruben, die ihnen helfen, warmblütige Beute zu lokalisieren.

- Kamele können bis zu 150 Liter Wasser trinken und speichern Fett in ihren Höckern, um Energie zu speichern.

- Albatrosse haben Flügelspannweiten von über 3,3 Metern und können große Entfernungen zurücklegen, ohne mit den Flügeln zu schlagen.

- Leoparden sind starke Schwimmer und lagern oft Beute in Bäumen, um sie vor Aasfressern zu schützen.

- Narwale leben in der Arktis und besitzen lange, spiralförmige Stoßzähne, die tatsächlich verlängerte Eckzähne sind.

- Präriehunde graben Höhlen mit Kammern und mehreren Ein- und Ausgängen als Schutzräume.

- Schwarzbären können während des Winterschlafs monatelang ohne Nahrung auskommen, indem sie von ihren Fettreserven leben.

- Gorillas haben dicke, muskulöse Arme, die ihnen beim Klettern und Knöchelgang helfen.

- Meeresschildkröten navigieren mithilfe des Magnetfeldes der Erde zu ihren Brutplätzen zurück.

- Flusspferde scheiden eine natürliche "Sonnencreme" aus, die ihre Haut vor UV-Strahlen schützt.

- Erdmännchen haben ein Wächter-System, bei dem ein Tier Wache hält, während die anderen nach Nahrung suchen oder spielen.

- Orang-Utans bauen hoch in den Bäumen Nester aus Blättern und Zweigen.

- Bartenwale ernähren sich, indem sie riesige Mengen Wasser und Krill schlucken und filtern.

- Seeotter haben dichtes Fell und benutzen Steine, um Muscheln zu knacken.

- Wölfe können täglich bis zu 50 Kilometer zurücklegen, um Nahrung zu finden und ihr Territorium zu markieren.

- Koalas fressen Eukalyptusblätter, die für die meisten anderen Tiere giftig sind.

- Weibliche Löwen übernehmen den Großteil der Jagd, während die Männchen das Territorium des Rudels bewachen.

- Krokodile haben starke Kiefer, die Tausende Pfund Druck ausüben können.

- Männliche Pfauen verlieren ihre Federn jährlich und wachsen sie für die nächste Paarungssaison nach.

- Honigbienen führen einen "Schwänzeltanz" auf, um ihren Stockgefährten Nahrungsquellen mitzuteilen.

- Weißkopfseeadler haben kräftige Krallen, mit denen sie Fische direkt aus dem Wasser fangen.

- Frösche haben spezialisierte Haut, die Sauerstoff direkt aus dem Wasser aufnimmt.

- Der Graupapagei ahmt menschliche Sprache nach und hat einen beeindruckenden Wortschatz.

- Präriehunde haben ausgeklügelte Rufe, die spezifische Informationen über Raubtiere vermitteln.

- Pferde haben dank ihrer Augenposition ein ausgezeichnetes peripheres Sehvermögen.

- Spechte haben lange Zungen, die in Spalten nach Insekten suchen können.

- Robben senken ihre Herzfrequenz, um während des Tauchens Sauerstoff zu sparen.

- Elefanten kommunizieren durch niederfrequente Rumpeln, die über große Entfernungen übertragen werden.

- Schimpansen haben opponierbare Daumen und Zehen, die ihnen das Greifen von Ästen erleichtern.

- Rotfüchse passen sich an verschiedene Umgebungen an, von Wäldern bis hin zu Städten.

- Männliche Hirsche werfen ihre Geweihe jährlich ab und lassen sie für die Paarungssaison nachwachsen.

- Otter leben in Familiengruppen und verwenden Rufe, um die Jagd zu koordinieren.

- Eisbären haben bis zu 10 cm dickes Fett, um sich vor der Kälte zu schützen.

- Lemuren verwenden Rufe, um Gruppenaktivitäten zu koordinieren.

- Männliche Kaiserpinguine brüten Eier während des antarktischen Winters aus.

- Affen haben Greifschwänze, mit denen sie sich an Ästen festhalten und stabilisieren.

- Schneeleoparden haben große Nasengänge, um die kalte Luft zu erwärmen.

- Das Heulen von Wölfen ist entscheidend für die Koordination von Aktivitäten im Rudel.

- Männliche Orang-Utans entwickeln Wangenwülste, die sie größer erscheinen lassen.

- Buckelwale legen Tausende von Kilometern von ihren Futter- zu ihren Brutplätzen zurück.

- Kojoten haben gelernt, mit Menschen zu koexistieren, und suchen in Vororten nach Nahrung.

- Flusspferde gehören zu den gefährlichsten Tieren Afrikas und verursachen mehr Todesfälle als Löwen.

- Jaguare sind kraftvolle Schwimmer und jagen oft Beute im Wasser.

- Der Pelz des Polarfuchses ändert sich saisonal, um sich an die Winter- oder Sommerlandschaft anzupassen.

- Schnabeltiere können elektrische Felder mithilfe spezieller Rezeptoren auf ihrem Schnabel wahrnehmen.

- Wanderfalken sind die schnellsten Vögel und erreichen beim Sturzflug Geschwindigkeiten von über 320 km/h.

- Große Weiße Haie erkennen elektromagnetische Felder von Beutetieren mithilfe der sogenannten Lorenzinischen Ampullen.

- Giraffen haben spezielle Klappen in den Halsarterien, die verhindern, dass Blut in den Kopf strömt, wenn sie sich bücken.

- Elefanten sind die einzigen Säugetiere, die nicht springen können, aufgrund ihres massiven Körpergewichts und der Struktur ihrer Beine.

- Honig verdirbt nicht und essbarer Honig wurde in über 3.000 Jahre alten ägyptischen Gräbern gefunden.

- Seeotter halten sich während des Schlafens an den Händen, um nicht in Strömungen auseinanderzutreiben, ein Verhalten, das als "Rafting" bekannt ist.

- Männliche Seepferdchen tragen und gebären den Nachwuchs.

- Nacktmulle sind nahezu immun gegen Krebs und können bis zu 18 Minuten ohne Sauerstoff überleben.

- Pinguine können Meerwasser trinken, da eine spezielle Drüse das überschüssige Salz aus ihrem Blut filtert.

- Der Axolotl, ein Salamander, kann Gliedmaßen, Rückenmark und sogar Teile seines Gehirns regenerieren.

- Flamingos erhalten ihre rosa Färbung durch die Karotinoidpigmente in Algen und Garnelen, die sie fressen.

- Narwale, die "Einhörner der Meere", haben lange, spiralförmige Stoßzähne, die eigentlich verlängerte Zähne sind.

- Die Mimikrake kann ihre Form und ihr Verhalten ändern, um andere Meeresbewohner zu imitieren.

- Männliche Gottesanbeterinnen riskieren, von den Weibchen während der Paarung gefressen zu werden, aber gut genährte Weibchen töten die Männchen selten.

- Arktische Ziesel können ihre Körpertemperatur während des Winterschlafs unter den Gefrierpunkt senken.

- Der Mauersegler kann bis zu 10 Monate ununterbrochen in der Luft bleiben, dabei fressen und schlafen.

- Japanmakaken, auch Schneeaffen genannt, baden in heißen Quellen und waschen Süßkartoffeln im Wasser.

- Die unsterbliche Qualle kehrt nach der Reife in ihre jugendliche Form zurück und kann theoretisch ewig leben.

- Pottwale haben die größten Gehirne aller Tiere, die bis zu 7,7 Kilogramm wiegen.

- Chamäleons können ihre beiden Augen unabhängig voneinander steuern und in verschiedene Richtungen gleichzeitig schauen.

- Der Mantelpavian hat ein vergrößertes Zungenbein, das ohrenbetäubende Brüllgeräusche ermöglicht, die aus Kilometern Entfernung gehört werden können.

- Tasmanische Teufel produzieren einen übelriechenden Geruch, wenn sie gestresst sind, und können ganze Kadaver, einschließlich Knochen, verzehren.

- Zitteraale erzeugen elektrische Schocks von bis zu 600 Volt, um Beute zu betäuben oder Feinde abzuwehren.

- Der Wanderfalke ist das schnellste Tier und erreicht während seiner Jagdsturzflüge Geschwindigkeiten von über 386 km/h.

- Der Blaugeringelte Krake ist hochgiftig, und seine Toxine sind stark genug, um Menschen zu töten.

- Afrikanische Wildhunde haben eine einzigartige soziale Struktur, bei der alle Rudelmitglieder die Jungen des Alphapaars versorgen.

- Der Bartgeier ernährt sich hauptsächlich von Knochenmark, das er durch das Fallenlassen von Knochen aus großer Höhe gewinnt.

- Blattschneiderameisen betreiben Landwirtschaft, indem sie auf geernteten Blättern Pilze kultivieren.

- Schneeleoparden haben lange, dicke Schwänze, die das Gleichgewicht unterstützen und als Schal zum Wärmen dienen.

- Männliche Kugelfische schaffen komplizierte Sandkreise, um Partner anzulocken, was Tage dauern kann.

- Erdmännchen haben "Wachposten", die nach Raubtieren Ausschau halten, während die anderen nach Nahrung suchen.

- Schleiereulen finden Beute in völliger Dunkelheit, indem sie mithilfe ihrer asymmetrischen Ohren Geräusche genau lokalisieren.

- Männliche Fregattvögel blasen ihre leuchtend roten Kehlsäcke auf, um während der Paarungszeit Weibchen anzulocken.

- Der Schuhschnabelstorch erzeugt ein einzigartiges Klappern, das aus großer Entfernung zu hören ist.

- Männliche Walrosse produzieren glockenartige Unterwassergeräusche während der Paarung, um Weibchen anzulocken.

- Einige Ameisenarten haben "Soldaten" mit großen Köpfen, die die Nesteingänge blockieren.

- Afrikanische Elefanten erkennen bis zu 100 verschiedene Stimmen und unterscheiden zwischen Freund und Feind.

- Der Hoatzin, auch Stinkvogel genannt, verdaut seine Nahrung durch bakterielle Gärung, was einen üblen Geruch verursacht.

- Seegurken können ihre inneren Organe ausstoßen, um Raubtiere abzuschrecken, und regenerieren sie später.

- Der Iberische Rippenmolch kann seine Rippen durch die Haut stoßen lassen, um sich zu verteidigen.

- Präriehunde haben ein komplexes Sprachsystem mit spezifischen Rufen für verschiedene Raubtiere.

- Die Pistolenkrebs erzeugt eine Schockwelle, indem er mit seiner Schere schnippt, die Beute betäubt und Temperaturen erreicht, die heißer als die Oberfläche der Sonne sind.

- Der Nasenaffe hat eine große Nase, die Partner anzieht und Vokalisationen verstärkt.

- Der Kuckuck legt seine Eier in die Nester anderer Vögel, um diese zu täuschen und ihre Jungen großziehen zu lassen.

- Vampirtintenfische können sich nach innen stülpen und phosphoreszierende Armspitzen zeigen, um Raubtiere abzuschrecken.

- Baumkängurus leben in Bäumen, obwohl sie mit landbewohnenden Kängurus verwandt sind.

- Der Palmendieb kann bis zu einen Meter breit werden und klettert auf Bäume, um Kokosnüsse zu sammeln.

- Arktische Füchse wechseln ihr Fell je nach Jahreszeit, um sich in die Winter- oder Sommerlandschaft einzufügen.

- Der Monarchfalter wandert Tausende von Kilometern von Kanada nach Mexiko über mehrere Generationen.

- Der Imitatorgiftfrosch legt seine Eier in separate Tümpel und transportiert die Kaulquappen auf seinem Rücken.

- Männliche Laubenvögel bauen aufwendige Strukturen, um Partner anzulocken, oft dekorieren sie diese mit bunten Gegenständen.

- Orcas setzen koordinierte Angriffe ein, um Wellen zu erzeugen, die Robben von Eisschollen werfen.

- Vampirfledermäuse teilen Blutmahlzeiten mit hungrigen Koloniemitgliedern, um das Überleben der Gruppe zu sichern.

- Der Beutelwolf, auch Tasmanischer Tiger genannt, war das größte bekannte fleischfressende Beuteltier, bevor er ausstarb.

Verrückte Vorstellungen
und Irrglauben von damals

- In mittelalterlichen Europa wurden Tiere manchmal für Verbrechen wie Mord oder Sachbeschädigung vor Gericht gestellt.

- Die Phrenologie war der Glaube, dass die Form und die Beulen des Schädels Persönlichkeitsmerkmale und Intelligenz bestimmen könnten.

- Die Miasma-Theorie behauptete, dass Krankheiten wie Cholera und die Pest durch "schlechte Luft" oder "Miasmen" verursacht wurden, anstatt durch Keime.

- Alchemisten versuchten, unedle Metalle in Gold zu verwandeln und das Elixier des Lebens zu entdecken, wobei sie frühe Chemie mit Mystik vermischten.

- Die Flacherde-Theorie besagte, dass die Erde eine flache Scheibe sei, ein weit verbreiteter Glaube, bevor die Griechen vorschlugen, sie sei rund.

- Aderlass war eine medizinische Praxis, bei der Blut abgelassen wurde, um Krankheiten zu heilen, da man glaubte, dass dies die Körpersäfte ins Gleichgewicht bringen würde, was jedoch oft schädlich war.

- Das göttliche Recht der Könige besagte, dass Monarchen direkt durch Gottes Autorität regierten und nur der göttlichen Gerechtigkeit Rechenschaft schuldig waren.

- Die Hexenprozesse von Salem führten zu Massenhysterie und der Hinrichtung von vermeintlichen Hexen auf der Grundlage zweifelhafter Beweise.

- Einige antike Stämme glaubten, dass das Essen ihrer Feinde deren Stärke und Mut übertragen könnte.

- Mandragorawurzeln galten als gefährlich, da man glaubte, sie würden schreien und jeden töten, der sie beim Ausgraben hörte.

- Entdecker glaubten an mythische Meeresmonster wie den Kraken oder Leviathan, die Schiffe versenken könnten.

- Die Theorie der spontanen Generation besagte, dass Lebewesen direkt aus unbelebter Materie entstehen könnten.

- Der Effekt des "Lunaren Wahnsinns" behauptete, dass die Mondphasen Menschen verrückt machten, was zum Begriff "Lunatic" führte.

- Nekromantie beinhaltete das Herbeirufen der Toten oder die Kommunikation mit Geistern, um die Zukunft vorherzusagen.

- Menschenopfer galten als Mittel, um die Götter zu besänftigen und eine gute Ernte oder Siege zu gewährleisten.

- Zermahlene Tierteile, wie Nashornhorn oder Vipernfleisch, wurden als Heilmittel gegen verschiedene Krankheiten verwendet.

- Alchemisten suchten nach dem Elixier der Unsterblichkeit, das ewiges Leben und Gesundheit verleihen sollte.

- Die Berührung des Königs wurde als Heilmittel gegen Krankheiten wie Skrofulose angesehen.

- Exorzismen versuchten, psychische Erkrankungen durch Austreibung von Dämonen zu behandeln, anstatt medizinische Hilfe zu nutzen.

- Der Fluch des Tutanchamun wurde für den Tod von Entdeckern verantwortlich gemacht, die das Grab des Königs geöffnet hatten.

- Mittelalterliche Entdecker glaubten an Prester John, einen mythischen christlichen König mit einem riesigen Reich in Asien oder Afrika.

- Die Humoralpathologie schlug vor, dass die Gesundheit von einem Gleichgewicht der vier Körpersäfte abhänge: Blut, Schleim, gelbe Galle und schwarze Galle.

- Alchemisten glaubten, dass alle Materie aus vier Elementen bestand: Erde, Luft, Feuer und Wasser.

- Quecksilber wurde einst als Heilmittel gegen Krankheiten wie Syphilis verwendet, obwohl dies oft zu schwerer Quecksilbervergiftung führte.

- Theosophen glaubten, dass die Menschheit von der Venus stammte und von aufgestiegenen Meistern geführt wurde.

- Die Theorie des wandernden Uterus machte eine verschobene Gebärmutter für Hysterie und andere Leiden bei Frauen verantwortlich.

- Lobotomien wurden zur Behandlung psychischer Erkrankungen eingesetzt, führten jedoch oft zu schweren Beeinträchtigungen.

- Die europäische Folklore beinhaltete die Lykanthropie, die Fähigkeit von Menschen, sich in Wölfe zu verwandeln.

- Alchemisten glaubten, sie könnten einen winzigen Menschen namens Homunkulus in einem Glas züchten.

- Das Trockenlegen von Sümpfen galt als Heilmittel gegen Krankheiten wie Malaria, da man sie mit stehendem Wasser in Verbindung brachte.

Komische Traditionen und Bräuche

- Beim "Monkey Buffet Festival" in Thailand wird ein Festmahl für Tausende von Affen veranstaltet, die als Symbole für Wohlstand und Glück verehrt werden.

- Das "Baby Jumping" Festival in Spanien, bekannt als El Colacho, beinhaltet, dass Männer, die als Teufel verkleidet sind, über Reihen von Babys springen, um sie von Sünde zu reinigen und böse Geister abzuwehren.

- Im Satere-Mawe-Stamm im Amazonas durchlaufen Jungen ein Initiationsritual, bei dem sie Handschuhe tragen müssen, die mit Kugelameisen gefüllt sind, deren Stiche als die schmerzhaftesten der Welt gelten.

- In Indien feiern die Menschen das "Holi"-Fest, indem sie bunte Pulver und Wasser aufeinander werfen, um den Sieg des Guten über das Böse und die Ankunft des Frühlings zu feiern.

- Die japanische Tradition "Namahage" sieht vor, dass Männer, die als Oger verkleidet sind, an Silvester Häuser besuchen, um Kinder zu erschrecken und sie zur Gehorsamkeit im neuen Jahr zu ermahnen.

- Während des Día de los Muertos (Tag der Toten) in Mexiko bauen Familien Altäre, schmücken Gräber und veranstalten Feiern, um ihre verstorbenen Angehörigen zu ehren.

- Im Vereinigten Königreich feiern die Menschen die "Guy Fawkes Night" mit Feuerwerken und Lagerfeuern, um das Scheitern der Pulververschwörung von 1605 zu gedenken.

- In Papua-Neuguinea bewahrte das Volk der Dani traditionell die Körper ihrer Vorfahren, indem sie sie räucherten und in ihren Dörfern ausstellten.

- Das "Kanamara Matsuri" in Japan, auch bekannt als das Fest des Stahlphallus, feiert Fruchtbarkeit, Gesundheit und eine sichere Geburt mit Paraden und phallusförmigen Objekten.

- Beim spanischen Festival "La Tomatina" werfen Zehntausende Teilnehmer Tomaten aufeinander in einem riesigen Essensschlacht.

- In Indonesien graben die Toraja regelmäßig ihre verstorbenen Verwandten aus, reinigen ihre Überreste und kleiden sie in neue Kleidung als Zeichen des Respekts.

- Beim Ivrea-Karneval in Italien werfen die Teilnehmer Orangen aufeinander, um einen alten Aufstand nachzustellen.

- In Südkorea ist die "Boknal"-Tradition das Essen einer heißen Schale Hühnersuppe an den heißesten Tagen, um sich abzukühlen und die Ausdauer zu stärken.

- In Deutschland müssen unverheiratete Männer und Frauen an ihrem 30. Geburtstag oft Treppen fegen oder öffentliche Plätze reinigen, um Küsse von Freunden zu verdienen.

- Beim "Thaipusam"-Festival in Malaysia und Singapur durchbohren sich Gläubige den Körper mit Haken und Spießen, während sie aufwendige Strukturen namens "Kavadis" tragen.

- Während des "La Pourcailhade"-Festes in Frankreich treten die Teilnehmer in Schweine-bezogenen Wettbewerben wie Ferkelrennen und Wurstessen gegeneinander an.

- In Indien kämpfen Männer beim "Banni"-Fest mit Stöcken, um die Gottheit Mala-Malleshwara zu besänftigen und Segnungen zu erhalten.

- Beim "Cheese Rolling"-Wettbewerb im Vereinigten Königreich jagen die Teilnehmer einem rollenden Käselaib einen steilen Hügel hinunter hinterher.

- Das "Up-Helly-Aa"-Festival in Schottland feiert das Wikingererbe mit Fackelprozessionen und dem zeremoniellen Verbrennen eines Langschiffs.

- Die japanische Praxis des "Hikikomori" beschreibt Menschen, die sich aufgrund von sozialer Angst für Monate oder sogar Jahre aus der Gesellschaft zurückziehen.

- In Bolivien bauen Menschen Schreine und bringen dem Gott der Fülle, "Ekeko", Opfer dar, indem sie ihm Miniaturversionen von Dingen schenken, die sie sich wünschen.

- Die tibetische Himmelsbestattung beinhaltet das Ablegen der Verstorbenen auf einem Berggipfel, damit Geier die Körper verzehren, was als Akt des Mitgefühls und der Wohltätigkeit gilt.

- In den Philippinen spielen Gläubige am Karfreitag die Kreuzigung Jesu nach, wobei sich einige sogar an Kreuze nageln lassen.

- In den USA entscheidet der "Groundhog Day" über den Frühlingsbeginn, je nachdem, ob ein Murmeltier seinen Schatten sieht.

- Beim "Baby Tossing"-Ritual in Indien werden Säuglinge von einem Tempeldach geworfen, um von Menschen, die ein Tuch halten, aufgefangen zu werden. Dies soll Glück bringen.

- In Finnland gibt es Wettbewerbe, bei denen Männer ihre Frauen über Hindernisparcours tragen. Der Preis ist oft das Gewicht der Frau in Bier.

- Beim jährlichen "Takanakuy"-Festival in Peru tragen die Menschen öffentliche Faustkämpfe aus, um Streitigkeiten beizulegen, bevor sie sich mit einem Getränk versöhnen.

- In Südafrika werfen einige Menschen an Silvester alte Möbel aus den Fenstern, um symbolisch die Vergangenheit loszulassen.

- In Tschechien werfen unverheiratete Frauen an Heiligabend Schuhe über ihre Schulter, um vorherzusagen, ob sie im kommenden Jahr heiraten werden.

- In Dänemark werfen die Menschen an Silvester Teller und Tassen an die Türen ihrer Freunde. Man glaubt, je größer der Stapel, desto mehr Freunde wird man im kommenden Jahr haben.

- Im Fulani-Stamm in Westafrika durchlaufen junge Männer das "Sharo"-Ritual, bei dem sie in einer öffentlichen Zurschaustellung mit Peitschen geschlagen werden, um ihre Tapferkeit zu beweisen.

- In Japan gibt es die Sitte des "Otoshi-dama", bei der Erwachsene den Kindern zu Neujahr Geld in dekorierten Umschlägen schenken.

- In Griechenland tragen die Menschen Amulette, die "Mati" genannt werden, um sich vor neidischen Blicken zu schützen, die Unglück bringen können.

- Das "Mud Festival" in Südkorea beinhaltet Schlamm-Baden, -Ringen und -Rutschen zum Spaß und zur Förderung der Hautpflege.

- In Rumänien tanzen Menschen als Bären verkleidet während des "Bärentanzes", um böse Geister zu vertreiben und Glück für das neue Jahr zu bringen.

- In Spanien essen die Menschen an Silvester um Mitternacht 12 Trauben, um in jedem Monat des kommenden Jahres Glück zu haben.

- In Japan besuchen die Menschen an Silvester Tempel und läuten 108 Mal die Glocken, um weltliche Wünsche loszulassen und das neue Jahr frisch zu beginnen.

- Im Vereinigten Königreich feiern die Menschen den "Maifeiertag" mit Tänzen um den Maibaum und der Krönung einer Maikönigin, um den Frühling zu begrüßen.

- In Dänemark feiern Schüler ihren Schulabschluss, indem sie in dekorierten Lastwagen umherfahren, hupen und bei Freunden anhalten, um zu feiern.

- In Österreich verkleiden sich Menschen als Krampus, eine mythische Kreatur, die den heiligen Nikolaus begleitet, um ungezogene Kinder zu erschrecken und sie zu besserem Verhalten zu ermahnen.

Wir lieben unsere Haustiere

- 66 % der US-Haushalte, das entspricht 86,9 Millionen Haushalten, besitzen ein Haustier.

- Hunde sind das beliebteste Haustier in den USA. 65,1 Millionen US-Haushalte besitzen einen Hund. Katzen sind mit 46,5 Millionen Haushalten auf dem zweiten Platz, gefolgt von Süßwasserfischen (11,1 Millionen).

- Hunde haben etwa 300 Millionen Geruchsrezeptoren in ihren Nasen, verglichen mit Menschen, die nur 6 Millionen haben, was ihren Geruchssinn unglaublich empfindlich macht.

- Katzen haben ein spezialisiertes Schlüsselbein, das es ihnen ermöglicht, beim Fallen aus großer Höhe immer auf ihren Füßen zu landen. Dies wird als "Aufrichtreflex" bezeichnet.

- Hunde kommunizieren mit Menschen durch eine Reihe von Gesichtsausdrücken und verwenden ihre Augenbrauen, um Traurigkeit oder Freude zu zeigen.

- Katzen können ihre Ohren um 180 Grad drehen, um Geräusche genau zu lokalisieren, was ihnen hilft, Beute zu erkennen und zwischen verschiedenen Geräuschen zu unterscheiden.

- Einige Katzen sind allergisch gegen Menschen. Wie Menschen können auch Tiere Allergien gegen verschiedene Substanzen haben. Obwohl es selten ist, sind einige Haustiere gegen unsere Hautschuppen (Dander) allergisch.

- Katzen verwenden langsames Blinzeln, um Zuneigung zu zeigen, was dem Blinzeln ähnelt, das sie ihren Besitzern entgegenbringen, wenn sie sich sicher fühlen.

- Über die Hälfte der Haustierbesitzer (51 %) betrachten ihre Haustiere als vollwertige Familienmitglieder.

- Hunde und Katzen haben Schnurrhaare mit speziellen Nervenenden, die ihnen helfen, Entfernungen abzuschätzen, Bewegungen zu erkennen und sich im Dunkeln zurechtzufinden.

- Hunde sind in der Lage, über 200 Wörter und Kommandos zu lernen und zu behalten, was vergleichbar mit der Sprachfähigkeit eines zweijährigen menschlichen Kindes ist.

- Katzen haben einziehbare Krallen, um sie scharf und bereit für die Jagd zu halten, was auch Abnutzung durch alltägliche Aktivitäten verhindert.

- 42 % der Hundebesitzer und 43 % der Katzenbesitzer erwarben ihre Haustiere in einem Geschäft, während 38 % der Hundebesitzer und 40 % der Katzenbesitzer aus Tierheimen adoptierten.

- Hunde träumen wie Menschen und zeigen oft Zuckungen, Bellen oder Paddelbewegungen im Schlaf, was auf aktive Träume hinweist.

- Hunde wedeln mit ihren Schwänzen in verschiedene Richtungen, abhängig von ihren Emotionen. Ein Rechtswedeln zeigt Freude an, während ein Linkswedeln auf Angst hinweist.

- Katzen können die Stimme ihres Besitzers erkennen, ignorieren jedoch oft Befehle, was zeigt, dass sie mehr verstehen, als sie darauf reagieren.

- Hunde produzieren Oxytocin, das "Liebeshormon", wenn sie mit ihren Besitzern interagieren, ähnlich wie Menschen Zuneigung empfinden.

- Grundlegende Ausgaben für Hunde kosten jährlich durchschnittlich 1.533 US-Dollar, einschließlich Unterbringung, tierärztlicher Versorgung und Tierkrankenversicherung.

- Katzen verwenden das Putzen als eine Möglichkeit, sich mit ihren Besitzern und anderen Katzen zu verbinden. Dieses Verhalten, genannt Allogrooming, reduziert Stress.

- Hunde haben ein starkes Rudelbewusstsein und können Trennungsangst empfinden, wenn sie allein gelassen werden, was manchmal zu destruktivem Verhalten führt.

- Hunde sind das beliebteste Haustier in den USA, mit 65,1 Millionen Haushalten, die einen Hund besitzen.

- Katzen haben eine einzigartige Schnurrfrequenz, von der angenommen wird, dass sie Heilung fördert und Stress reduziert, sowohl bei ihnen selbst als auch bei ihren Besitzern.

- Hunde sind in der Lage, die Emotionen ihrer Besitzer zu imitieren, ein Phänomen, das als emotionale Ansteckung bekannt ist.

- Das Schnurren von Katzen kann helfen, Angstzustände und Blutdruck bei Menschen zu reduzieren, was sie zu therapeutischen Begleitern macht.

- Hunde bevorzugen Routinen und entwickeln oft Verhaltensweisen, die auf ihrem täglichen Zeitplan basieren, wie das Vorhersehen der Fütterungszeit oder Spaziergänge.

- Katzen haben einen "Jagdinstinkt", der auch bei domestizierten Katzen erhalten bleibt, weshalb sie oft Geschenke wie Vögel oder Mäuse ihren Besitzern bringen.

- Hunde können höhere Töne als Menschen hören und Frequenzen von bis zu 65.000 Hz wahrnehmen, verglichen mit unserem Limit von 20.000 Hz.

- Katzen markieren ihr Territorium, indem sie ihren Kopf an Gegenständen reiben, wodurch Duftstoffe aus Drüsen um ihr Gesicht übertragen werden.

- Hunde verstehen Zeigegesten und folgen ihnen, um versteckte Leckereien oder Gegenstände zu finden, eine Fähigkeit, die selten bei Nicht-Primaten zu finden ist.

- Katzen können Hitze besser vertragen als Hunde, da sie nur Schweißdrüsen in ihren Pfoten haben und sich durch Lecken abkühlen.

- Hunde können menschliche Emotionen durch ihren Geruchssinn erkennen und reagieren unterschiedlich auf den Geruch von Schweiß, der durch Stress oder Bewegung verursacht wird.

- Katzen treten mit ihren Pfoten, ein Verhalten, das aus ihrer Kindheit stammt, als sie den Bauch ihrer Mutter traten, um den Milchfluss zu stimulieren.

- Hunde können darauf trainiert werden, gesundheitliche Probleme wie Diabetes oder Anfälle zu erkennen, indem sie Veränderungen im Atem oder Schweiß einer Person wahrnehmen.

- Hunde haben einen "Geruchsabdruck", der so einzigartig ist wie ein menschlicher Fingerabdruck, und sie verwenden ihren Geruchssinn, um einander und ihre menschlichen Familienmitglieder zu identifizieren.

- Katzen haben ein spezielles Miauen, das sie ausschließlich mit Menschen verwenden, im Gegensatz zu den Lautäußerungen, die sie mit anderen Katzen nutzen.

- Hunde haben einen speziellen Gesichtsmuskel entwickelt, der es ihnen ermöglicht, ihre Augenbrauen zu heben, was sie für Menschen ausdrucksstärker und ansprechender erscheinen lässt.

- Katzen können mit ihren Schnurrhaaren selbst die geringsten Veränderungen im Luftstrom wahrnehmen, was ihnen beim Jagen oder Erkennen von Hindernissen im Dunkeln hilft.

- Katzen kommunizieren ihre Gefühle über die Schwanzstellung, wobei ein hoher, aufrechter Schwanz auf Selbstbewusstsein oder Freundlichkeit hinweist.

- Hunde sind in der Lage, sich selbst im Spiegel zu erkennen, was ein Zeichen von Selbstbewusstsein ist, ähnlich wie bei Menschen und großen Menschenaffen.

- Katzen schnurren oft, wenn sie glücklich oder zufrieden sind, und verwenden diesen Klang als Mittel zur Kommunikation.

- Der Prozentsatz der Haushalte, die Haustiere besitzen, ist von 56 % im Jahr 1988 auf heute 66 % gestiegen.

- Hunde haben einen bemerkenswerten Orientierungssinn und finden oft den Weg nach Hause, selbst über große Entfernungen.

- Katzen schlafen oft in einer gekrümmten Position, um Körperwärme zu sparen und ihre lebenswichtigen Organe im Schlaf zu schützen.

- Hunde verlassen sich auf Blickkontakt und Gesichtsausdrücke, um menschliche Emotionen zu erkennen, und passen ihr Verhalten entsprechend an.

- Katzen verwenden ein "Zwitschern", um die Rufe von Vögeln nachzuahmen, oft zu hören, wenn sie Vögel durch das Fenster beobachten.

- Hunde haben Schweißdrüsen an ihren Pfoten und verlassen sich auf das Hecheln, um ihren Körper bei heißem Wetter abzukühlen.

- Katzen bevorzugen hohe Orte, da sie ihnen ein Gefühl von Sicherheit geben und eine hervorragende Aussicht auf ihre Umgebung ermöglichen.

- Hunde drehen sich instinktiv im Kreis, bevor sie sich hinlegen, ein Verhalten, das auf ihre Vorfahren, die Wölfe, zurückgeht, die Nester im hohen Gras bauten.

- Katzen haben eine spezielle Schicht hinter ihrer Netzhaut, das sogenannte Tapetum lucidum, das Licht reflektiert und das Nachtsehen verbessert.

- Hunde sind zu Empathie fähig und trösten oft Menschen, die weinen oder gestresst sind, indem sie physischen Kontakt suchen, um sie zu beruhigen.

- Katzen können durch ihren erhöhten Geruchssinn und ihr Gehör Wetterveränderungen wahrnehmen und suchen oft Schutz vor Stürmen.

- Hunde sind geselliger und gedeihen durch Interaktion, oft entwickeln sie Verhaltensweisen basierend auf positiver Verstärkung durch ihre Besitzer.

- Katzen verwenden ein markantes "Trillern", um Verspieltheit oder Zuneigung auszudrücken, oft in Richtung ihrer Besitzer.

- Hunde können Erdbeben oder Naturkatastrophen durch ihre scharfen Sinne erkennen und zeigen manchmal ungewöhnliches Verhalten vor dem Ereignis.

- Die Putzgewohnheiten von Katzen helfen, natürliche Öle in ihrem Fell zu verteilen, was es sauber und glänzend hält.

- Hunde erkennen Familienmitglieder nach langen Abwesenheiten wieder und reagieren oft freudig auf ihre Rückkehr.

- Katzen zeigen oft das Kneten, wenn sie auf dem Schoß ihres Besitzers ruhen, ein Zeichen von Komfort und Geborgenheit.

- Hunde haben eine erhöhte Empfindlichkeit gegenüber Umweltveränderungen und können ihre Besitzer auf Eindringlinge oder ungewöhnliche Vorkommnisse aufmerksam machen.

- Katzen haben einziehbare Krallen, die ihre Schärfe schützen und ihnen beim Jagen einen Vorteil verschaffen.

- Hunde haben individuelle Vorlieben für Nahrung und Aktivitäten, abhängig von ihrer Rasse, Erziehung und Ausbildung.

- Katzen begrüßen ihre Besitzer oft mit Kopfnüssen, um sie mit ihrem Duft zu markieren und Zuneigung zu zeigen.

- Hunde verstehen Tonlagen und reagieren oft mehr auf die Tonhöhe einer Stimme als auf die gesprochenen Worte.

- Katzen überpflegen sich manchmal, wenn sie gestresst oder ängstlich sind, was zu kahlen Stellen oder Hautirritationen führen kann.

- Gen Z-Haustierbesitzer neigen eher dazu, ihre Haustiere mit Geburtstagstorten (34 %) und Kostümen (32 %) zu verwöhnen.

- Hunde können zwischen eineiigen Zwillingen allein anhand ihres Geruchssinns unterscheiden.

- Katzen haben ein extrem sensibles Gehör und können Ultraschallfrequenzen wahrnehmen, die von Nagetieren und anderen kleinen Beutetieren ausgesendet werden.

- Hunde können der Richtung menschlicher Zeigegesten folgen, selbst als Welpen, was auf eine natürliche Neigung hinweist, Menschen zu verstehen.

- Katzen verlassen sich auf die Gewohnheiten ihrer Besitzer, um eine Routine zu schaffen, und passen oft ihr eigenes Verhalten an Fütterungs- oder Spielzeiten an.

- Hunde "lächeln" oft, indem sie ihre Lippen zurückziehen, um Freundlichkeit oder Verspieltheit zu kommunizieren.

- Katzen bevorzugen horizontale oder vertikale Kratzbäume, die es ihnen ermöglichen, ihre Muskeln zu dehnen und gleichzeitig ihr Territorium zu markieren.

- Hunde erkennen die Fahrzeuge ihrer Besitzer aus der Ferne, indem sie auf den Motorsound und den Geruch hören.

- Katzen können sich überpflegen, wenn sie gestresst oder gelangweilt sind, was ein Bewältigungsmechanismus sein kann.

- Hunde sind in der Lage, menschliche Krankheiten wie Krebs zu erkennen, indem sie subtile Veränderungen im Körpergeruch wahrnehmen.

- Katzen können Meerwasser trinken, da ihre extrem effizienten Nieren das überschüssige Salz herausfiltern.

- Hunde reagieren eher auf Handzeichen als auf verbale Kommandos, da sie in der Lage sind, nonverbale Hinweise besser zu verstehen.

- Katzen bevorzugen es, fließendes Wasser zu trinken, was erklärt, warum sie oft aus Wasserhähnen trinken.

- Hunde vertrauen Menschen eher, die lächeln, da sie lächelnde Gesichter mit positiven Absichten in Verbindung bringen.

- Katzen haben einzigartige Jagdinstinkte und "spielen" oft mit Beute, um ihre Fähigkeiten zu üben.

- Hunde entwickeln ein Zeitgefühl und erwarten oft die Rückkehr ihrer Besitzer, basierend auf regelmäßigen Routinen.

- Katzen sind stark territorial und können aggressiv auf neue Tiere reagieren, die in ihr wahrgenommenes Revier eindringen.

- Hunde begrüßen ihre Besitzer oft, indem sie an deren Gesichtern und Händen schnüffeln, um Informationen zu sammeln.

- Katzen zeigen Zuneigung, indem sie an den Fingern oder der Kleidung ihrer Besitzer knabbern, ein Verhalten, das an ihre Kindheit erinnert.

- Hunde bevorzugen Lob und Futter als Belohnung für Training, reagieren aber auch gut auf Spielzeug oder Spielzeit.

- Katzen verbergen instinktiv Anzeichen von Krankheit, um sich vor Raubtieren zu schützen, was die Diagnose von Krankheiten erschweren kann.

- Hunde nehmen menschliche soziale Hinweise auf und imitieren oft das Verhalten oder den emotionalen Zustand ihrer Besitzer.

- Katzen können zwischen bekannten und unbekannten Stimmen unterscheiden und reagieren oft nur auf die Rufe ihrer Besitzer.

- Hunde folgen eher dem Blickkontakt, wenn ihr Besitzer direkt mit ihnen spricht.

- Katzen zeigen manchmal Anhänglichkeit, wenn sie eine starke Bindung zu ihrem Besitzer haben oder sich bedroht fühlen.

- Hunde bevorzugen bekannte Routen während Spaziergängen, die ihnen Sicherheit bieten und Ängste minimieren.

- Katzen können zwischen menschlichen Gesichtsausdrücken unterscheiden und spiegeln oft positive Emotionen wie Lächeln wider.

- Hunde zeigen oft Freude, indem sie mit dem Schwanz wedeln und springen, besonders wenn sie ihre Besitzer wiedersehen.

- Katzen zeigen verspielte Aggression beim Spielen, indem sie Spielzeug greifen und beißen, was ihnen als Übung für die Jagd dient.

- Hunde versuchen manchmal, kleine Kinder oder Tiere zu hüten, was auf ihre angeborenen Hütetriebe zurückzuführen ist.

- Katzen sind nachts aktiver, da sie dämmerungsaktiv sind, und suchen oft in den frühen Morgenstunden nach Spielzeit oder Aufmerksamkeit.

- Hunde haben ein ausgezeichnetes Gedächtnis für Orte und erinnern sich oft an Stellen, an denen sie Futter oder Spielzeug gefunden haben.

- Katzen bauen oft Bindungen zu anderen Haustieren im Haushalt auf und putzen oder schlafen in deren Nähe.

- Hunde lehnen sich oft an ihre Besitzer, um Trost zu suchen und Zuneigung zu zeigen.

- Katzen imitieren manchmal das Verhalten oder die Routine ihrer Besitzer als Zeichen der Bindung oder um Aufmerksamkeit zu bekommen.

- Hunde verwenden Duft, um ihr Territorium zu markieren, und kehren oft an dieselben Stellen zurück, um die Markierung zu verstärken.

- Katzen finden oft Komfort in kleinen, geschlossenen Räumen wie Kartons oder Taschen, die den Schutz einer Höhle nachahmen.

- Hunde schlafen oft in der Nähe des Schlafzimmers oder der Tür ihres Besitzers, um sie zu schützen und sich sicher zu fühlen.

- Haushalte mit höherem Einkommen besitzen eher Haustiere; 63 % derjenigen, die über 100.000 Dollar verdienen, besitzen Hunde.

- 35 % der Deutschen besitzen mehr als ein Haustier.

- Hunde zeigen Unterwerfung gegenüber Menschen und anderen Hunden, indem sie sich auf den Rücken rollen und ihren Bauch entblößen, was zu freundlicher Interaktion einlädt.

- Katzen haben ein spezialisiertes Sehvermögen, das es ihnen ermöglicht, in fast völliger Dunkelheit zu sehen und Bewegungen effektiver als Menschen zu erkennen.

- Hunde neigen dazu, ihren Kopf zur Seite zu neigen, wenn sie ihren Besitzern zuhören, da dies ihnen hilft, die Klangquelle besser zu lokalisieren und zu verstehen.

- Die Putzgewohnheiten von Katzen können die Allergien ihrer Besitzer reduzieren, da ihr Speichel ein Enzym enthält, das Allergene abbaut.

- Millennials machen mit 33 % den größten Anteil der Haustierbesitzer aus, gefolgt von Generation X mit 25 % und den Babyboomern mit 24 %.

- Hunde interpretieren die Körpersprache von Menschen und können lernen, auf subtile Gesten oder Haltungsänderungen zu reagieren.

- Katzen haben flexible Wirbelsäulen und Schulterblätter, die es ihnen ermöglichen, sich durch enge Räume zu zwängen und hoch zu springen.

- Hunde können Eifersucht empfinden, da Studien zeigen, dass sie unruhig werden, wenn ihre Besitzer anderen Tieren Aufmerksamkeit schenken.

Seltsame Weltrekorde und Fähigkeiten

- Die längste aufgezeichnete Zeit, die jemand freiwillig die Luft unter Wasser angehalten hat, beträgt über 24 Minuten.

- Die längsten aufgezeichneten Fingernägel erreichen eine Gesamtlänge von über 8,5 Metern.

- Der kleinste Erwachsene, der jemals aufgezeichnet wurde, war nur 54,6 cm groß.

- Der größte Erwachsene, der jemals aufgezeichnet wurde, war 2,72 Meter groß.

- Die schwerste Person, die jemals aufgezeichnet wurde, wog über 635 Kilogramm.

- Die längste ununterbrochene Zeit, die jemand wach geblieben ist, beträgt 11 Tage.

- Die schnellste Marathonzeit, die rückwärts laufend erzielt wurde, liegt bei 3 Stunden und 43 Minuten.

- Die schnellste Marathonzeit beim Jonglieren mit drei Bällen, auch "Joggling" genannt, beträgt 2 Stunden und 50 Minuten.

- Eine Frau lief einmal einen Marathon, während sie einen dreifachen Kinderwagen mit ihren drei Kindern schob.

- Die schnellste aufgezeichnete Tippgeschwindigkeit liegt bei über 200 Wörtern pro Minute.

- Die längste Zeit, die jemand ununterbrochen in der Plank-Position gehalten hat, beträgt über 8 Stunden.

- Das längste ununterbrochene Monopoly-Spiel dauerte über 70 Tage.

- Die schnellste Zeit, in der ein Rubik's Cube blind gelöst wurde, beträgt unter 15 Sekunden.

- Die schnellste Zeit, um ein 1000-Teile-Puzzle zu lösen, liegt unter 2 Stunden.

- Die längste Zeit, die jemand ununterbrochen Schach gespielt hat, beträgt über 50 Stunden.

- Die längste Zeit, die jemand in einem Eisbad verbracht hat, beträgt über 2 Stunden.

- Die schnellste Zeit, in der jemand einen Liter Bier getrunken hat, liegt unter 2 Sekunden.

- Die schnellste Zeit, in der jemand 100 Meter Spaghetti mit dem Mund gegessen hat, liegt unter 30 Sekunden.

- Die meisten Liegestütze, die in 24 Stunden gemacht wurden, sind über 46.000.

- Der längste Tanzmarathon dauerte über 126 Stunden.

- Die längste Zeit, die jemand ununterbrochen auf einer Schaukel verbracht hat, beträgt über 32 Stunden.

- Die meisten aufeinanderfolgenden Purzelbäume in einer Reihe sind über 9.000.

- Der längste Handschlag dauerte mehr als 33 Stunden.

- Die längste Zeit, die ein Basketball auf einem Finger gedreht wurde, beträgt über 11 Minuten.

- Die schnellste Geschwindigkeit beim Skifahren rückwärts liegt bei über 96 km/h.

- Die meisten gleichzeitig gedrehten Hula-Hoop-Reifen sind über 200.

- Die längste Zeit, die jemand auf einem Drahtseil balanciert hat, beträgt über 217 Stunden.

- Die meisten aufeinanderfolgenden Rückwärtssaltos auf einem Trampolin sind über 3.000.

- Die am meisten tätowierte Frau hat über 96 % ihres Körpers mit Tinte bedeckt.

- Die längste Zeit, die jemand auf einem Surfbrett geblieben ist, beträgt über 40 Stunden.

- Die meisten Tätowierungen, die in 24 Stunden gegeben wurden, sind über 800.

- Die längste Zeit, die jemand im Kopfstand verbracht hat, beträgt über 3 Stunden.

- Die längste Zeit, die jemand ein Buch auf seinem Kopf balanciert hat, beträgt über 6 Stunden.

- Die längste Strecke, die jemand rückwärts gelaufen ist, beträgt über 13.000 Kilometer.

- Die längste Strecke, die in einem Jahr mit dem Fahrrad zurückgelegt wurde, beträgt über 120.700 Kilometer.

- Die meisten Marshmallows, die in den Mund gefangen wurden, sind über 75.

- Die meisten hart gekochten Eier, die bei einem Wettbewerb gegessen wurden, sind über 65.

- Die schnellste einhändige Besteigung des Mount Everest dauerte etwas mehr als 6 Stunden.

- Die meisten Menschen, die gleichzeitig in einer Telefonzelle standen, sind über 25.

- Das größte Treffen von Zwillingen umfasste über 6.000 Zwillingspaare.

- Die meisten Sprünge auf einem Pogo-Stick in 24 Stunden sind über 88.000.

- Das längste jemals gewachsene Haar eines Mannes misst über 7,9 Meter.

- Der schnellste 100-Meter-Lauf auf Stelzen wurde in unter 15 Sekunden gelaufen.

- Die meisten Eiskugeln, die gleichzeitig auf einer Eistüte balanciert wurden, sind über 120.

- Die meisten in einer Stunde aufgeblasenen Luftballons sind über 400.

- Die längste Menschenkette, die sich an den Händen hielt, erstreckte sich über 1.600 Kilometer.

- Das längste Intervall zwischen Zwillingsgeburten beträgt 87 Tage.

- Die meisten Wassermelonen, die in einer Minute auf dem Bauch einer Person geschnitten wurden, sind über 40.

- Die schnellste Zeit, um eine Meile beim Seilspringen zurückzulegen, liegt unter 10 Minuten.

- Die meisten Liegestütze, die ein Hund in einer Minute gemacht hat, sind über 60.

- Die längste Zeit, die jemand Teller auf Stangen gedreht hat, beträgt über 6 Stunden.

- Die längste Zeit, die jemand auf einer einzigen Welle gesurft ist, beträgt über 3 Stunden.

- Die meisten Menschen, die gleichzeitig auf einem Nagelbett lagen, sind über 200.

- Die größte Unterwasserhochzeit umfasste über 300 Taucher.

- Die längste Zeit, die jemand im Brückenstand verbracht hat, beträgt über 3 Stunden.

- Die schnellste Zeit, um 100 Meter mit Schwimmflossen zu laufen, liegt unter 15 Sekunden.

- Die längste Kettenreaktion aus Matratzen-Dominos umfasste über 1.000 Matratzen.

- Die längste Reise auf einem Skateboard dauerte über 12.000 Kilometer.

- Der längste Bart, der jemals gemessen wurde, beträgt über 5,2 Meter.

- Die meisten High-Fives, die in einer Minute gegeben wurden, sind über 300.

- Der schnellste 100-Meter-Lauf auf allen Vieren wurde in unter 17 Sekunden gelaufen.

- Die längste Strecke, die jemand im Handstand gegangen ist, beträgt über 1,6 Kilometer.

- Die längste ununterbrochene Kette von Seifenblasen, die von einer Person geblasen wurde, erstreckte sich über 24 Kilometer.

- Die meisten nassen Schwämme, die in einer Minute ins Gesicht geworfen wurden, sind über 60.

- Die meisten Fangversuche beim Jonglieren in einer Minute liegen bei über 500.

- Die schnellste Zeit, um einen Hotdog zu essen, beträgt unter 10 Sekunden.

- Die meisten Luftballons, die in einer Minute mit den Zähnen zum Platzen gebracht wurden, sind über 20.

- Die längste ununterbrochene Seilsprung-Session dauerte über 30 Stunden.

- Die längste Fahrt auf einem Riesenrad ohne Pause dauerte über 50 Stunden.

- Die größte Sammlung von Quietscheentchen umfasst über 9.000 Enten.

- Der schnellste Sprint, bei dem jemand einen Kühlschrank getragen hat, wurde in unter 30 Sekunden absolviert.

- Die größte Sammlung von Comic-Heften umfasst über 100.000 Ausgaben.

- Die meisten Trinkhalme, die gleichzeitig im Mund gehalten wurden, sind über 400.

- Die meisten Schnecken, die gleichzeitig auf einem Gesicht platziert wurden, sind über 50.

- Die meisten Würfel, die auf einer Spielkarte balanciert wurden, sind über 200.

- Die meisten Menschen, die gleichzeitig Hüpfen gespielt haben, sind über 1.000.

- Die längste Zeit, die jemand fünf Fußballbälle gleichzeitig jongliert hat, beträgt über 10 Minuten.

- Die meisten Pizzen, die in einer Stunde hergestellt wurden, sind über 200.

- Die meisten Hamburger, die in einer Stunde hergestellt wurden, sind über 500.

- Die längste Zeit, die jemand einen Fußball auf seinem Kopf balanciert hat, beträgt über 8 Stunden.

- Die meisten Menschen, die gleichzeitig in Löffelstellung lagen, sind über 1.000.

- Die meisten T-Shirts, die gleichzeitig getragen wurden, sind über 250.

- Die längste Zeit, die jemand auf einem Eisblock lag, beträgt über 3 Stunden.

- Die schnellste Zeit, um eine Schüssel Nudeln nur mit dem Mund zu essen, beträgt unter 30 Sekunden.

- Der weiteste Sprung von einem Gebäude zu einem anderen betrug über 9 Meter.

- Die meisten Stifte, die gleichzeitig im Gesicht balanciert wurden, sind über 20.

- Die meisten Umrundungen der Erde mit dem Flugzeug durch eine Person betragen über 500.

- Die größte Anzahl von Menschen, die gleichzeitig Floss-Tänze aufführten, beträgt über 20.000.

- Die meisten Dartpfeile, die in einer Stunde auf eine Dartscheibe geworfen wurden, sind über 500.

- Die längste Zeit, die jemand ohne Pause mit einem Kanu gepaddelt hat, beträgt über 24 Stunden.

- Die längste Zeit, die jemand unter Wasser gehulahoopt hat, beträgt über 3 Minuten.

- Die größte Sammlung von Gummibändern umfasst über 1 Million Bänder.

- Die meisten Tätowierungen, die eine Person auf ihrem Körper hat, bedecken über 95 % ihrer Haut.

- Die meisten Löffel, die gleichzeitig auf dem Körper einer Person balanciert wurden, sind über 70.

- Das längste Haar auf einer lebenden Person misst über 5,5 Meter.

- Der längste Schnurrbart, der jemals aufgezeichnet wurde, misst über 4,2 Meter.

- Die älteste dokumentierte Mutter brachte mit 74 Jahren ein Kind zur Welt.

- Die jüngste aufgezeichnete Mutter brachte im Alter von 5 Jahren ein Kind zur Welt.

- Die schnellste Zeit, um eine 30 cm große Pizza zu essen, liegt bei unter 40 Sekunden.

- Die schnellste Zeit, um 10 Schachrätsel hintereinander zu lösen, beträgt unter 5 Minuten.

- Die längste Zeit, die jemand ein Videospiel ununterbrochen gespielt hat, beträgt über 40 Stunden.

- Die meisten Münzen, die auf einer einzigen Münze balanciert wurden, sind über 60.

Alles über Dinosaurier

- Dinosaurier beherrschten die Erde über 160 Millionen Jahre, vom Trias bis zum Ende der Kreidezeit.

- Der größte bekannte Dinosaurier, Argentinosaurus, konnte Längen von bis zu 30 Metern erreichen und mehr als 100 Tonnen wiegen.

- Einige Dinosaurier, wie der Velociraptor, hatten Federn, was auf eine enge evolutionäre Beziehung zu Vögeln hinweist.

- Das erste Dinosaurierfossil wurde im frühen 19. Jahrhundert formell beschrieben, was zur Entstehung der Paläontologie führte.

- Der T. rex hatte eine Beißkraft von über 5.400 Kilogramm, eine der stärksten jemals bekannten Beißkräfte.

- Einige pflanzenfressende Dinosaurier, wie der Diplodocus, verschluckten Steine (Gastrolithen), um die Nahrung in ihrem Verdauungssystem zu zerkleinern.

- Man nimmt an, dass Spinosaurus teilweise im Wasser lebte, wo er Fische jagte und viel Zeit verbrachte.

- Das Trias-Jura-Massenaussterben löschte etwa 50 % der Arten der Erde aus, was den Weg für die Dominanz der Dinosaurier an Land ebnete.

- Einige Dinosaurier, wie der Iguanodon, hatten spezialisierte Daumenstacheln, die wahrscheinlich zur Verteidigung dienten.

- Pterosaurier, die oft mit Dinosauriern assoziiert werden, waren tatsächlich fliegende Reptilien, die mit ihnen koexistierten.

- Der Archaeopteryx wird als Übergangsart zwischen nicht-vogelartigen Dinosauriern und modernen Vögeln angesehen.

- Die fossilen Nester einiger Dinosaurier, wie der Maiasaura, liefern Hinweise auf elterliche Fürsorge.

- Das erste gefiederte Dinosaurierfossil, Sinosauropteryx, wurde in den 1990er Jahren in China entdeckt.

- Einige Dinosaurier, wie Allosaurus, hatten gezackte Zähne, um das Fleisch ihrer Beute zu zerschneiden.

- Fossilisierte Dinosaurierfußabdrücke werden "Ichnites" genannt und können Verhaltensmuster wie Gehgeschwindigkeit und Herdentriebe enthüllen.

- Der Schädel des Pachycephalosaurus war bis zu 25 cm dick, möglicherweise für Kopfstoß-Wettbewerbe verwendet.

- Sauropoden, wie Apatosaurus, hatten lange Hälse, die ihnen halfen, Blätter hoch in den Bäumen zu erreichen.

- Fossilisierte Dinosauriereier wurden auf allen Kontinenten außer in der Antarktis gefunden.

- Therizinosaurus hatte enorme Krallen, die bis zu 1 Meter lang waren, möglicherweise zum Abstreifen von Blättern von Ästen.

- Einige Dinosaurier, wie Brachiosaurus, hatten längere Vorderbeine als Hinterbeine, was ihnen half, aufrechter zu stehen.

- Das Massenaussterben, das die Dinosaurier vor 66 Millionen Jahren auslöschte, wurde durch eine Kombination aus vulkanischer Aktivität und einem Asteroideneinschlag verursacht.

- Psittacosaurus hatte borstenartige Strukturen an seinem Schwanz, die möglicherweise zur Schau verwendet wurden.

- Der kleinste bekannte Dinosaurier, Microraptor, war etwa so groß wie eine Krähe und hatte Federn an allen vier Gliedmaßen.

- Hadrosaurier, wie Parasaurolophus, sind bekannt für ihren markanten Kamm, der möglicherweise ihre Rufe verstärkte.

- In Bernstein eingeschlossene fossile Insekten bieten Einblicke in das Ökosystem der Dinosaurierzeit.

- Carnotaurus hatte winzige Arme, noch kleiner als die des T. rex, aber starke Hinterbeine zum Laufen.

- Oviraptorfossilien wurden einst als Eierdiebe angesehen, weil sie in der Nähe von Nestern gefunden wurden. Es stellte sich jedoch heraus, dass sie wahrscheinlich ihre eigenen Eier pflegten.

- Einige Dinosaurierknochen wurden mit erhaltenen Weichgeweben gefunden, die einen Einblick in ihre Biologie geben.

- Der langhalsige Dinosaurier Diplodocus konnte seinen Schwanz mit hoher Geschwindigkeit peitschen, möglicherweise als Abwehrmechanismus.

- Troodon hatte eines der größten Gehirne im Verhältnis zur Körpergröße unter den Dinosauriern, was auf hohe Intelligenz hindeutet.

- Der Name "Dinosaurier" bedeutet "schreckliche Echse" und wurde in den 1840er Jahren von Sir Richard Owen geprägt.

- Ankylosaurus hatte gepanzerte Platten auf dem Rücken und einen keulenartigen Schwanz, der Knochen brechen konnte.

- Ceratosaurus hatte markante Hörner über den Augen und auf der Schnauze, was ihm ein furchteinflößendes Aussehen verlieh.

- Fossile Beweise deuten darauf hin, dass einige Dinosaurier in Polarregionen lebten, als das Klima wärmer war.

- Megalodon, oft mit Dinosauriern in Verbindung gebracht, war tatsächlich ein riesiger Hai, der Millionen Jahre nach den Dinosauriern lebte.

- Der Sauropode Brontosaurus wurde einst als fehlidentifizierter Apatosaurus angesehen, aber neue Forschungen bestätigten ihn als eigene Gattung.

- Einige Dinosaurier wanderten wahrscheinlich über weite Strecken, um saisonalen Veränderungen im Nahrungsangebot zu folgen.

- Die fossilen Überreste prähistorischer Pflanzen zeigen Beweise dafür, dass Dinosaurier sie fraßen.

- Diplodocus hatte einen relativ kleinen Kopf im Vergleich zu seinem riesigen Körper, mit stiftförmigen Zähnen zum Abstreifen von Blättern.

- Velociraptoren waren kleiner als in Filmen dargestellt, etwa so groß wie Truthähne, und jagten wahrscheinlich in Rudeln.

- Titanosaurier gehörten zu den letzten überlebenden Sauropoden und lebten während der späten Kreidezeit.

- Fossilisierte Fußabdrücke in China zeigen Hinweise auf Herdentriebe bei Sauropoden.

- Deinonychus hatte eine große, sichelförmige Kralle an jedem Fuß, die wahrscheinlich zum Aufschlitzen von Beute verwendet wurde.

- Der Ceratopside Styracosaurus hatte einen Kragen mit langen Stacheln, was ihm ein bedrohliches Aussehen verlieh.

- Die Fossilien gefiederter Dinosaurier wie Caudipteryx stützen die Theorie, dass Vögel sich aus Theropoden entwickelten.

- Stegosaurus hatte markante Platten entlang seines Rückens, die möglicherweise zur Schau oder zur Temperaturregulierung dienten.

- Der größte bekannte fleischfressende Dinosaurier, Giganotosaurus, war sogar größer als der T. rex.

- Einige Ankylosaurier hatten keulenartige Schwänze, die sie wahrscheinlich zur Verteidigung gegen Raubtiere einsetzten.

- Der gehörnte Dinosaurier Triceratops hatte drei Gesichtshörner und einen knöchernen Kragen, der seinen Hals schützte.

- Die fossilen Knochen vieler Dinosaurier zeigen Anzeichen von Krankheiten wie Arthritis und Knocheninfektionen.

Unglaubliche Fakten über unser Essen

- Kartoffeln waren das erste Gemüse, das im Weltraum angebaut wurde, gepflanzt von der NASA und der Universität von Wisconsin an der ISS (International Space Station).

- Schokolade wurde einst von den alten Azteken als Währung verwendet und galt als wertvoller als Gold.

- Die Farbe einer Paprika kann ihre Reife anzeigen: grün ist unreif, gelb/orange ist halb reif und rot ist voll reif.

- Cashewkerne wachsen am Boden eines Cashewapfels und sind technisch gesehen Samen, keine Nüsse.

- Kokoswasser kann aufgrund seiner Elektrolytzusammensetzung in Notfällen als intravenöse Hydratationslösung verwendet werden.

- Ein Ei sinkt in Süßwasser, kann aber in Salzwasser schwimmen, da das Salz die Dichte des Wassers erhöht und es schwerer als das Ei macht.

- Worcestershiresauce enthält Sardellen, die bis zu zwei Jahre lang fermentiert werden, bevor sie abgefüllt wird.

- Der weltweit größte Lebensmittelkampf, La Tomatina, findet jährlich in Spanien statt, bei dem Tausende von Teilnehmern Tomaten werfen.

- Der Ursprung des Sandwichs wird John Montagu, dem 4. Earl of Sandwich, zugeschrieben, der eine Mahlzeit wollte, die er essen konnte, ohne das Spieltisch zu verlassen.

- Der teuerste Käse der Welt, Pule, wird aus Balkan-Eselmilch hergestellt und kostet über 1.000 Dollar pro Kilogramm.

- Die durchschnittliche Schokoladentafel enthält Insektenfragmente, da es schwierig ist, Kakaobohnen vollständig insektenfrei zu halten.

- Manche Menschen haben eine genetische Mutation, die sie daran hindert, bittere Geschmacksrichtungen wie in Brokkoli und Rosenkohl wahrzunehmen.

- Der Brauch des Anstoßens mit Getränken stammt von den alten Römern, die Toast in Wein legten, um den Geschmack zu verbessern.

- Die Hass-Avocado, bekannt für ihr cremiges Fruchtfleisch, stammt von einem einzigen Baum, den Rudolph Hass in den 1920er Jahren in Kalifornien pflanzte.

- Erdnüsse sind keine echten Nüsse, sondern Hülsenfrüchte, die unter der Erde wachsen und mit Bohnen verwandt sind.

- Der Guinness-Weltrekord für die größte Pizza wurde mit einer Pizza aufgestellt, die über 1.250 Quadratmeter groß war und in Italien hergestellt wurde.

- Sushi enthält traditionell keinen Lachs; es wurde in Japan erst nach Einführung durch norwegische Geschäftsleute in den 1980er Jahren populär.

- Wassermelonen bestehen zu mehr als 90 % aus Wasser und sind somit hervorragend zur Hydration geeignet.

- Der weltweit schärfste Chili, der Carolina Reaper, kann über 2 Millionen Scoville Heat Units erreichen.

- Die Eistüte wurde Berichten zufolge 1904 von Ernest Hamwi auf der Weltausstellung erfunden, als er eine Waffel rollte, um Eis zu halten.

- In Japan werden quadratische Wassermelonen für eine leichtere Lagerung gezüchtet, sie sind jedoch teurer.

- Der durchschnittliche Amerikaner isst etwa 11,3 Kilogramm Süßigkeiten pro Jahr, wobei der Großteil um Halloween verzehrt wird.

- Ketchup wurde in den 1830er Jahren ursprünglich als Medizin vermarktet, um Verdauungsstörungen und Durchfall zu behandeln.

- Die Artischocke, die wir essen, ist die Blütenknospe einer Distelpflanze, die vor dem Aufblühen geerntet wird.

- Die größte jemals hergestellte Schokoladentafel wog über 5.400 Kilogramm und wurde im Vereinigten Königreich hergestellt.

- Mangos gelten in Indien als König der Früchte und sind die Nationalfrucht des Landes.

- Mayonnaise ist ein traditioneller Bestandteil der japanischen Küche und wird oft als Belag für Pizza verwendet.

- Essbares Blattgold, das zur Dekoration von Desserts verwendet wird, gilt als ungiftig und sicher zum Verzehr.

- Der weltweit teuerste Burger wird aus Wagyu-Rindfleisch, Gänseleber und Trüffeln hergestellt und kostet über 5.000 Dollar.

- In Island ist hákarl ein traditionelles Gericht aus fermentiertem Hai, der vergraben und monatelang getrocknet wurde.

- Der Caesar-Salat wurde nicht nach Julius Caesar benannt, sondern nach seinem Erfinder, Caesar Cardini, einem Restaurantbesitzer.

- Die Pilztrüffel gilt aufgrund ihres einzigartigen Aromas als Delikatesse und kann Tausende von Dollar pro Pfund kosten.

- Hummer galten einst als Arme-Leute-Essen und waren so zahlreich, dass sie als Dünger verwendet wurden.

- Das Capsaicin in Chilischoten löst die Freisetzung von Endorphinen aus, was ein angenehmes Gefühl ähnlich einem "Runner's High" erzeugt.

- Kaugummi braucht nicht sieben Jahre, um verdaut zu werden, sondern durchläuft das Verdauungssystem wie jede andere Nahrung.

- Der Fruchtknoten einer Blüte entwickelt sich schließlich zur Frucht, und die Samenanlagen im Fruchtknoten werden zu Samen.

- Das Brezelgebäck wurde angeblich von Mönchen im Mittelalter erfunden, um Arme zu symbolisieren, die zum Gebet verschränkt sind.

- Einige Käsesorten, wie Limburger, enthalten Bakterien, die denen auf menschlicher Haut ähneln und zu ihrem charakteristischen Geruch beitragen.

- Feigen sind technisch gesehen umgekehrte Blüten, die von kleinen Wespen bestäubt werden, die oft im Inneren der Frucht gefangen bleiben.

- In der Schweiz wurde Fondue während des Zweiten Weltkriegs populär, um den Verzehr von überschüssigem Käse zu fördern.

- Wasabi wird in Sushi-Restaurants oft durch Meerrettich ersetzt, da echter Wasabi teuer und schwer anzubauen ist.

- Ahornsirup wird aus dem Saft von Zuckerahornen hergestellt, und es werden über 150 Liter Saft benötigt, um einen Liter Sirup zu produzieren.

- Die größte jemals hergestellte Omelette wog über 6.000 Kilogramm und wurde in Portugal mit 145.000 Eiern zubereitet.

- Es gibt weltweit mehr als 7.500 Apfelsorten, mit tausenden verschiedenen Geschmacksrichtungen und Farben.

- Worcestershiresauce wurde ursprünglich als Rezept aus Indien nach Großbritannien gebracht und später dem britischen Geschmack angepasst.

- Die Banane ist die beliebteste Frucht der Welt, mit über 100 Milliarden jährlich verzehrten Früchten.

- Popcornkörner platzen aufgrund des Wassers, das im Inneren eingeschlossen ist. Es verwandelt sich in Dampf und sprengt die äußere Schale.

- Einige Quallenarten gelten in Asien als Delikatesse und werden als getrocknete Snacks oder Salate zubereitet.

- Croissants stammen ursprünglich nicht aus Frankreich, sondern wurden zuerst in Österreich hergestellt und von Marie Antoinette nach Frankreich gebracht.

- Reis ist ein Grundnahrungsmittel für mehr als die Hälfte der Weltbevölkerung, insbesondere in Asien und Afrika.

- Die größte Lutscher der Welt wog über 3.175 Kilogramm und wurde in Kalifornien hergestellt.

- Weiße Schokolade ist technisch gesehen keine Schokolade, da sie keine Kakaofeststoffe enthält, sondern aus Kakaobutter hergestellt wird.

- Chiasamen waren ein Grundnahrungsmittel in der Ernährung der alten Azteken und Maya-Krieger, wegen ihrer energiefördernden Eigenschaften.

- Äpfel enthalten eine natürliche Chemikalie namens Apfelsäure, die hilft, Flecken von den Zähnen zu entfernen.

- Der teuerste Eisbecher der Welt, der über 1.000 Dollar kostet, wird mit essbarem Gold und seltenem Schokolade überzogen.

- Gurken bestehen zu mehr als 95 % aus Wasser, was sie zu äußerst hydratisierenden und kalorienarmen Snacks macht.

- Der Begriff "Toast" stammt aus dem alten Rom, wo Brot in Wein getaucht wurde, um den Geschmack zu verbessern.

- Pommes frites wurden wahrscheinlich in Belgien erfunden, wo Dorfbewohner im 17. Jahrhundert Fisch und Kartoffeln frittierten.

- Austernsauce wurde versehentlich von Lee Kum Sheung erfunden, als er Austern überkochte und sie zu einer Paste wurde.

- Der teuerste Tee, Da Hong Pao, wird in China angebaut und kann bis zu 1.400 Dollar pro Gramm kosten.

- Das Wort "Whiskey" stammt aus dem Gälischen und bedeutet "Wasser des Lebens".

- Der größte Obstsalat der Welt wog über 10.000 Kilogramm und enthielt mehr als 20 Fruchtsorten.

- Root Beer wurde ursprünglich aus der Wurzel der Sarsaparilla-Pflanze hergestellt und als medizinischer Tonikum verwendet.

- Kaviar gilt als Delikatesse, wurde jedoch einst Fischern und Bauern als billige Nahrungsquelle serviert.

- Erdnussbutter wurde erstmals auf der Weltausstellung in St. Louis im Jahr 1904 eingeführt.

- Käse soll versehentlich entdeckt worden sein, als Milch, die in Tiermägen gelagert wurde, zu einer festen Form geronn.

- Macadamianüsse sind die teuersten Nüsse, da ihre Bäume langsam wachsen und die Ernte mühsam ist.

- Sushi-Köche müssen jahrelang trainieren, bevor sie den giftigen Kugelfisch (Fugu) sicher servieren dürfen.

- Die längste Sushi-Rolle der Welt maß über 2.400 Meter und wurde in Japan hergestellt.

- Zimt wurde einst als wertvoller als Gold angesehen und in der Antike ausgiebig gehandelt.

- Die erste Schokoladentafel wurde im 19. Jahrhundert hergestellt, indem Kakaopulver, Zucker und Kakaobutter kombiniert wurden.

- Tofu, hergestellt aus geronnener Sojamilch, stammt aus China und ist über 2.000 Jahre alt.

- Der längste Hotdog der Welt war über 60 Meter lang und wurde in Paraguay hergestellt.

- Pesto, eine traditionelle italienische Sauce, wird aus Basilikum, Knoblauch, Pinienkernen und Parmesan hergestellt.

- Käsefondue stammt vermutlich aus der Schweiz und wurde entwickelt, um übrig gebliebenen Käse und Brot zu verwerten.

- Sojasauce, ein Grundnahrungsmittel der asiatischen Küche, wird aus fermentierten Sojabohnen, Weizen, Salz und Wasser hergestellt.

- Karottenkuchen wurde in den USA während des Zweiten Weltkriegs aufgrund der Zuckerknappheit beliebt.

- Die Durianfrucht wird in Südostasien als "König der Früchte" bezeichnet, aber ihr starker Geruch stößt manche Menschen ab.

- Fermentierte Lebensmittel wie Kimchi und Sauerkraut wurden ursprünglich hergestellt, um Gemüse über den Winter haltbar zu machen.

- Couscous ist ein traditionelles nordafrikanisches Gericht aus gedämpften Hartweizengrießkörnern.

- Popcorn wurde während der Weltwirtschaftskrise populär, weil es ein erschwinglicher Snack war.

- Das größte Lebkuchenhaus der Welt hatte ein Volumen von über 1.100 Kubikmetern und wurde in Texas gebaut.

- Der meiste Wasabi, der außerhalb Japans serviert wird, ist eigentlich gefärbter Meerrettich, da echter Wasabi teuer und schwer anzubauen ist.

- Olivenöl, ein Grundbestandteil der mediterranen Küche, wird oft verwendet, um Gemüse zu marinieren und Gerichten Geschmack zu verleihen.

- Die sichelförmige Form des Croissants wurde ursprünglich geschaffen, um den Sieg über das Osmanische Reich zu feiern.

- Feigen haben eine symbiotische Beziehung mit Feigenwespen, die ihre Blüten bestäuben und gleichzeitig ihre Eier im Inneren ablegen.

- Die größte Schokoladenskulptur der Welt wog über 4.500 Kilogramm und wurde in Belgien hergestellt.

- Pfannkuchen gehören zu den ältesten Frühstücksgerichten und reichen bis in die prähistorische Zeit zurück.

- Pop-Tarts, ein beliebtes Frühstücksgebäck, wurden ursprünglich als einfache, nicht gekühlte Leckerei entwickelt.

- Seetang ist ein Grundnahrungsmittel der japanischen Küche und wird oft verwendet, um Sushi zu umwickeln und Suppen Geschmack zu verleihen.

- Das französische Omelett wird hergestellt, indem geschlagene Eier schnell in Butter gekocht werden, bis sie gerade fest sind, und dann gefaltet.

- Das größte Erdnussbutter- und Gelee-Sandwich der Welt wog über 600 Kilogramm.

- Indisches Curry ist eine Gewürzmischung aus Kurkuma, Kreuzkümmel und Koriander und reicht Tausende von Jahren zurück.

- Bubble Tea stammt aus Taiwan und ist bekannt für seine zähen Tapiokaperlen und die süße Teebasis.

- Der größte Schokoladenbrunnen der Welt ist über 8 Meter hoch und wurde in Las Vegas geschaffen.

- Traditioneller italienischer Balsamico-Essig wird bis zu 25 Jahre lang in Fässern gereift.

- Nudeln sollen vor über 4.000 Jahren in China entstanden sein, wie ein archäologischer Fund belegt.

- Kiwifrüchte wurden ursprünglich als chinesische Stachelbeeren bekannt, bevor sie von neuseeländischen Züchtern als Kiwis vermarktet wurden.

- Die größte Käseplatte der Welt wog über 1.800 Kilogramm und wurde in Frankreich hergestellt.

- Chiles en Nogada ist ein traditionelles mexikanisches Gericht aus Poblano-Paprikas, einer Walnusssauce und Granatapfelkernen.

- Vietnamesisches Pho ist eine traditionelle Nudelsuppe mit Kräutern, Fleisch und Gewürzen, die oft zum Frühstück serviert wird.

- Die weltweit größte Pizza-Lieferung wurde von Südafrika nach Australien geliefert und umfasste über 10.400 Kilometer.

- Griechischer Joghurt wird durch das Entfernen von überschüssiger Molke dicker gemacht als normaler Joghurt.

- Pad Thai, ein beliebtes thailändisches Nudelgericht, enthält oft Garnelen, Erdnüsse und Bohnensprossen.

- Die teuerste Teetasse, aus Jadeit gefertigt, wurde bei einer Auktion für über 30 Millionen Dollar verkauft.

- In Malaysia ist Nasi Lemak ein traditionelles Gericht aus Reis, der in Kokosmilch gekocht wird, serviert mit Sambal und Eiern.

- Gezuckerte Kondensmilch wurde im 19. Jahrhundert erfunden, um Milch über längere Zeit ohne Kühlung haltbar zu machen.

- Currywurst, ein beliebtes deutsches Fast Food, besteht aus geschnittener Wurst, die mit Curry-Ketchup überzogen ist.

- Pavlova, ein Baiser-Dessert, benannt nach einer russischen Ballerina, wird sowohl von Neuseeland als auch Australien beansprucht.

- Das größte Sushi-Mosaik der Welt wurde in Norwegen mit über 20.000 Sushi-Stücken hergestellt.

- Sauerkraut wird durch Fermentation von Kohl mit Salz hergestellt und ist bekannt für seinen würzigen Geschmack.

- Italienisches Risotto wird durch langsames Kochen von Reis in Brühe hergestellt, wodurch ein cremiges und wohltuendes Gericht entsteht.

- Die längste Süßigkeitenkette der Welt war über 1.200 Meter lang und wurde im Vereinigten Königreich hergestellt.

- Haggis, ein traditionelles schottisches Gericht, besteht aus den Organen eines Schafs, gemischt mit Haferflocken und Gewürzen.

- Schweizer Raclette ist ein Käse, der traditionell geschmolzen und über Kartoffeln und Essiggurken serviert wird.

- Ein vollständiges englisches Frühstück umfasst oft Eier, Speck, Wurst, Bohnen und gegrillte Tomaten.

- Französische Macarons werden aus Mandelmehl und Baiser hergestellt und ergeben ein zartes und farbenfrohes Sandwichgebäck.

- Tiramisu, ein italienisches Dessert, wird aus Schichten von in Kaffee getränkten Löffelbiskuits und Mascarponecreme hergestellt.

- Das größte Puzzle-Lebkuchenhaus der Welt wurde in New York gebaut und bestand aus über 5.000 Lebkuchenstücken.

- Sojasauce entstand vor über 2.500 Jahren in China, und der Fermentationsprozess kann bis zu sechs Monate dauern.

- Schwarze Trüffel gehören zu den teuersten Lebensmitteln der Welt und erzielen Preise von über 1.000 Dollar pro Pfund aufgrund ihrer Seltenheit und ihres einzigartigen Geschmacks.

- Der weltweit schärfste Chili, der Carolina Reaper, wurde in South Carolina gezüchtet und kann extreme Brennempfindungen verursachen.

- Die Produktion von Ahornsirup erfordert warme Tage und frostige Nächte, um den Saft aus Zuckerahornen fließen zu lassen.

- Der Käseverbrauch pro Kopf ist in Dänemark am höchsten, wo der Durchschnittsbürger über 27 Kilogramm pro Jahr konsumiert.

- Das McRib-Sandwich von McDonald's ist nur periodisch verfügbar, da die Kosten für Schweinefleisch schwanken.

- Gurkenscheiben werden in Schönheitsbehandlungen oft auf die Augen gelegt, da sie kühlende und entzündungshemmende Eigenschaften haben.

- Ananas können bis zu zwei Jahre von der Pflanzung bis zur Ernte brauchen.

- Der teuerste Kaffee der Welt, Kopi Luwak, wird aus Bohnen hergestellt, die von Zibetkatzen gefressen und wieder ausgeschieden wurden.

- Muskatnuss kann in großen Mengen Halluzinationen verursachen, da sie psychoaktive Verbindungen enthält.

- Äpfel schwimmen im Wasser, weil sie zu 25 % aus Luft bestehen, was sie schwimmfähig macht.

- Bananen sind technisch gesehen Beeren, während Erdbeeren nicht als echte Beeren klassifiziert werden.

- Tomaten galten einst in Europa als giftig und wurden "Wolfspfirsiche" genannt.

- Die Pistazie wird im Iran als "lachende Nuss" und in China als "glückliche Nuss" bezeichnet, wegen ihrer teilweise geöffneten Schale.

- Die Durianfrucht, bekannt für ihren starken Geruch, ist in vielen öffentlichen Räumen in Südostasien verboten.

- Safran, hergestellt aus den Narben von Krokusblüten, ist das teuerste Gewürz der Welt, gemessen am Gewicht.

- Karotten waren ursprünglich lila, bevor sie im 17. Jahrhundert selektiv für ihre orange Farbe gezüchtet wurden.

Verrückte Erfindungen und Erfinder

- Thomas Edison, bekannt für die Erfindung der Glühbirne, hielt über 1.000 Patente, darunter auch für den Phonographen und die Filmkamera.

- Nikola Tesla stellte sich die drahtlose Energieübertragung vor, und seine Arbeiten legten den Grundstein für die moderne drahtlose Kommunikation.

- Die Gebrüder Wright flogen 1903 das erste motorbetriebene Flugzeug, nachdem sie zahlreiche Gleiter und Propeller getestet hatten.

- Johannes Gutenbergs Erfindung der Druckpresse im 15. Jahrhundert revolutionierte die Verbreitung von Wissen.

- Alexander Graham Bells Erfindung des Telefons war ursprünglich als Hilfsmittel für Gehörlose gedacht.

- George Washington Carver entwickelte über 300 Verwendungszwecke für Erdnüsse, darunter Farben, Kunststoffe und Benzin.

- Die Erfindung des Papiers wird den alten Chinesen zugeschrieben, die um 105 n. Chr. Pflanzenfasern verwendeten.

- Der Transistor, erfunden von John Bardeen, Walter Brattain und William Shockley, ist die Grundlage moderner elektronischer Geräte.

- Charles Goodyears Vulkanisationsprozess machte Gummi haltbarer und nützlicher für Reifen und viele andere Produkte.

- Garrett Morgan, ein afroamerikanischer Erfinder, schuf ein Verkehrszeichen mit einer dritten Position für Vorsicht, was die Grundlage für moderne Ampeln war.

- Percy Spencer erfand den Mikrowellenherd, nachdem er entdeckte, dass Mikrowellen eine Schokolade in seiner Tasche schmelzen konnten.

- Leonardo da Vinci entwarf Konzepte für den Hubschrauber, Fallschirm und andere Erfindungen, Jahrhunderte bevor sie gebaut wurden.

- Die erste Impfung wurde von Edward Jenner gegen Pocken entwickelt, nachdem er beobachtete, dass Milchmädchen, die Kuhpocken ausgesetzt waren, immun waren.

- Rudolf Diesel erfand den Dieselmotor, der mit einem effizienteren Kraftstoff als Benzin betrieben wird.

- Josephine Cochrane erfand in den 1880er Jahren den ersten automatischen Geschirrspüler, um feines Porzellan schneller zu reinigen.

- James Naismith erfand 1891 Basketball, um seine Schüler während der Wintermonate körperlich aktiv zu halten.

- Der Reißverschluss wurde von Whitcomb L. Judson erfunden, aber Gideon Sundback verbesserte ihn zu dem Design, das wir heute verwenden.

- Mary Anderson erfand den Scheibenwischer, nachdem sie bemerkte, dass Straßenbahnfahrer Schwierigkeiten hatten, bei Regen zu sehen.

- Grace Hopper entwickelte den ersten Computer-Compiler, der es erleichterte, Computer mit Befehlen in englischer Sprache zu programmieren.

- Samuel Morse entwickelte den Morsecode und erfand den Telegraphen, was die Fernkommunikation revolutionierte.

- Die Leuchtdiode (LED) wurde 1962 von Nick Holonyak Jr. erfunden und wird heute in vielen elektronischen Geräten verwendet.

- Der Kugelschreiber wurde von László Bíró erfunden, um den Tintenfluss zu verbessern und das Verwischen zu vermeiden.

- Bette Nesmith Graham erfand die Korrekturflüssigkeit (Liquid Paper), um Tippfehler schnell zu beheben.

- Die Computermaus wurde von Douglas Engelbart erfunden, der auch frühe Internetkonzepte entwickelte.

- John Harrison entwickelte Marinechronometer, die das Problem der Längengradbestimmung auf See lösten.

- Die Spültoilette wurde von Thomas Crapper verbessert und durch seine Patente für Sanitäranlagen populär gemacht.

- Fritz Haber und Carl Bosch entwickelten das Verfahren zur Synthese von Ammoniak, das für Dünger und Sprengstoffe unerlässlich ist.

- Edwin Land erfand die Polaroid-Sofortbildkamera, die die Fotografie revolutionierte.

- Karl Benz wird die Erfindung des modernen Automobils mit Verbrennungsmotor in den 1880er Jahren zugeschrieben.

- Hedy Lamarr, eine Hollywood-Schauspielerin, war Mitentwicklerin der Frequenzsprungtechnologie, die zur modernen drahtlosen Kommunikation führte.

- Elisha Otis erfand den Sicherheitselevator, der höhere und sicherere Wolkenkratzer ermöglichte.

- Der Fotokopierer wurde von Chester Carlson erfunden, was die Vervielfältigung von Dokumenten für Unternehmen erleichterte.

- Das World Wide Web Consortium (W3C) unter der Leitung von Tim Berners-Lee legt die Standards für die Webentwicklung fest.

- John Logie Baird erfand den ersten funktionierenden Fernseher, der bewegte Bilder über Funk übertrug.

- Die Hypodermische Spritze wurde von Charles Pravaz und Alexander Wood erfunden, um Injektionen präziser zu machen.

- Wilson Greatbatch erfand den implantierbaren Herzschrittmacher, der unregelmäßige Herzrhythmen reguliert.

- Nils Bohlin erfand den Dreipunkt-Sicherheitsgurt, der heute Standard in Fahrzeugen ist und Millionen von Leben gerettet hat.

- Die Richter-Skala, die zur Messung der Stärke von Erdbeben verwendet wird, wurde 1935 von Charles Richter entwickelt.

- Thomas C. Richards erfand den ersten Metalldetektor, um nicht explodierte Munition nach dem Zweiten Weltkrieg zu finden.

- Das Anemometer, ein Gerät zur Messung der Windgeschwindigkeit, wurde im 15. Jahrhundert von Leon Battista Alberti erfunden.

- Der Dosenöffner wurde fast 50 Jahre nach der Erfindung von Konservendosen erfunden.

- Der Phonograph, von Edison erfunden, war das erste Gerät, das Ton aufzeichnen und wiedergeben konnte.

- Marie Curie, bekannt für ihre Pionierforschung zur Radioaktivität, war die erste Frau, die einen Nobelpreis gewann.

- Das Braille-System, das von Sehbehinderten zum Lesen und Schreiben verwendet wird, wurde von Louis Braille im Alter von 15 Jahren erfunden.

- Gutenbergs Druckpresse verwendete bewegliche Lettern, die eine Massenproduktion von Büchern ermöglichten und deren Kosten senkten.

- Der erste kommerziell verfügbare elektrische Staubsauger wurde von Hubert Cecil Booth erfunden.

- Philo Farnsworth entwickelte in den 1920er Jahren das erste voll funktionsfähige vollelektronische Fernsehsystem.

- Der integrierte Schaltkreis, der für moderne Elektronik entscheidend ist, wurde unabhängig von Jack Kilby und Robert Noyce entwickelt.

- George Eastman machte die Fotografie zugänglicher, indem er Rollfilm und die Kodak-Kamera entwickelte.

- Der Sicherheitsrasierer mit austauschbaren Klingen wurde von King Camp Gillette patentiert und führte zu einer globalen Marke.

- Thomas Savery und Thomas Newcomen entwickelten die ersten praktischen Dampfmaschinen zum Abpumpen von Wasser aus Bergwerken.

- Das Konzept synthetischer Farbstoffe begann mit William Henry Perkins zufälliger Entdeckung von Mauvein im Jahr 1856.

- Richard Drew erfand Klebeband und Scotch Tape, während er in den 1920er Jahren bei 3M arbeitete.

- Der Lügendetektor (Polygraph) wurde von John A. Larson erfunden, um physiologische Veränderungen beim Lügen zu erkennen.

- Die Stimmgabel, die bei Musikinstrumenten und medizinischen Tests verwendet wird, wurde 1711 von John Shore erfunden.

- Guglielmo Marconi wird die Entwicklung der Funktelegrafie zugeschrieben, die zur ersten transatlantischen Funkübertragung führte.

- Blaise Pascal erfand im 17. Jahrhundert den ersten mechanischen Taschenrechner, um bei Rechenaufgaben zu helfen.

- Die Vakuumflasche, besser bekannt als Thermoskanne, wurde von Sir James Dewar für wissenschaftliche Experimente erfunden.

- Joseph Priestley wird die Entdeckung von Sauerstoff und die Entwicklung von kohlensäurehaltigem Wasser zugeschrieben, dem Vorläufer von Limonade.

- Das künstliche Herz wurde erstmals in den 1980er Jahren von Robert Jarvik in einen Menschen implantiert.

- Clarence Birdseye revolutionierte Tiefkühlkost mit seinem Schnellgefrierverfahren, das Geschmack und Nährstoffe bewahrt.

- Tim Berners-Lee schuf 1989 das World Wide Web, während er am CERN arbeitete, und revolutionierte damit die globale Kommunikation.

- Das Konzept der Fließbandproduktion, eingeführt von Henry Ford, revolutionierte die Massenproduktion und machte Autos erschwinglicher.

- Eli Whitneys Baumwollentkörnungsmaschine (Cotton Gin) steigerte die Baumwollproduktion erheblich, führte jedoch auch ungewollt zur Ausweitung der Sklaverei in den USA.

- Stephanie Kwolek erfand Kevlar, eine starke synthetische Faser, die in kugelsicheren Westen und Schutzausrüstung verwendet wird.

- Alexander Fleming entdeckte 1928 das Penicillin, das erste Antibiotikum der Welt, das die Medizin grundlegend veränderte.

- Louis Pasteur entwickelte die Pasteurisierung, ein Verfahren zur Abtötung von Bakterien in Milch und Wein, um deren Konsum sicherer zu machen.

- Wilhelm Röntgen entdeckte Röntgenstrahlen, die weit verbreitet in der medizinischen Bildgebung eingesetzt werden.

- Das moderne Betriebssystem für Computer wurde in den 1970er Jahren von Dennis Ritchie und Ken Thompson entwickelt.

- Das phonetische Alphabet, wie wir es heute kennen, wurde von der Internationalen Zivilluftfahrtorganisation entwickelt.

Planeten und Weltall

- Die Sonne macht über 99,8 % der Gesamtmasse unseres Sonnensystems aus und besteht hauptsächlich aus Wasserstoff und Helium.

- Ein Tag auf der Venus ist aufgrund ihrer langsamen Rotation länger als ein Venusjahr und dauert 243 Erdentage.

- Der Mond driftet langsam mit etwa 3,8 cm pro Jahr von der Erde weg, was die Gezeiten und die Erdrotation über Millionen von Jahren beeinflusst.

- Mars hat den größten Vulkan im Sonnensystem, den Olympus Mons, der fast 22 km hoch ist und etwa so groß wie der US-Bundesstaat Arizona.

- Jupiters Großer Roter Fleck ist ein Sturm, der größer als die Erde ist und seit über 300 Jahren tobt.

- Die Winde auf Neptun sind die schnellsten im Sonnensystem und erreichen Geschwindigkeiten von über 1.900 km/h.

- Merkur erfährt aufgrund seiner dünnen Atmosphäre extreme Temperaturschwankungen, mit Tagestemperaturen von bis zu 427°C und nächtlichen Temperaturen von -179°C.

- Saturns Mond Titan hat Seen und Flüsse aus flüssigem Methan, da seine Oberflächentemperatur zu kalt für flüssiges Wasser ist.

- Uranus rotiert auf seiner Seite, wobei seine Pole zur Sonne zeigen, was möglicherweise durch eine Kollision mit einem anderen Objekt verursacht wurde.

- Kometen haben zwei Schweife: einen aus Staub und einen aus ionisierten Gasen, die beide aufgrund des Sonnenwinds von der Sonne weg zeigen.

- Schwarze Löcher entstehen, wenn massive Sterne unter ihrer eigenen Schwerkraft zusammenbrechen und Bereiche bilden, in denen die Schwerkraft so stark ist, dass nicht einmal Licht entweichen kann.

- Der Weltraum ist nicht völlig leer, sondern enthält Spuren von Teilchen, kosmischen Strahlen und kosmischer Mikrowellen-Hintergrundstrahlung.

- Der größte Mond im Sonnensystem, Ganymed, ist größer als Merkur und hat ein eigenes Magnetfeld.

- Die Internationale Raumstation umkreist die Erde mit einer Geschwindigkeit von 28.000 km/h und umrundet den Planeten etwa 16 Mal am Tag.

- Die Venus ist der heißeste Planet im Sonnensystem, mit Oberflächentemperaturen von über 460°C, was auf einen unkontrollierten Treibhauseffekt zurückzuführen ist.

- Die Erdatmosphäre schützt uns vor schädlicher Sonnen- und kosmischer Strahlung und verbrennt die meisten Meteoroiden.

- Das James-Webb-Weltraumteleskop, das den Hubble-Teleskop ersetzen soll, wird beispiellose Einblicke in das frühe Universum bieten.

- Saturns Ringe bestehen aus Milliarden von Eisteilchen und sind vermutlich die Überreste eines zerstörten Mondes.

- Die Oberfläche des Mars enthält Eisenoxid, was ihm die charakteristische rote Farbe verleiht, weshalb er als „Der Rote Planet" bekannt ist.

- Voyager 1, gestartet 1977, ist heute das am weitesten von der Erde entfernte von Menschenhand geschaffene Objekt und erforscht den interstellaren Raum.

- Die Aktivität der Sonne, bekannt als Sonnenzyklus, erreicht alle 11 Jahre ihren Höhepunkt, was zu einer Zunahme von Sonnenflecken und Sonneneruptionen führt.

- Die Oberflächenschwerkraft auf dem Mars beträgt nur etwa 38 % der Erdanziehungskraft, was bedeutet, dass man auf dem Mars viel weniger wiegen würde.

- Jupiter hat 92 bekannte Monde, mehr als jeder andere Planet, darunter die vier größten, die als Galileische Monde bekannt sind.

- Auf dem Mond und dem Mars wurde Wasser nachgewiesen, das für zukünftige Weltraummissionen genutzt werden könnte.

- Das Magnetfeld der Sonne ist für den Sonnenwind verantwortlich, der die wunderschönen Polarlichter auf der Erde erzeugt.

- Astronauten wachsen im Weltraum bis zu 5 cm, da die Schwerkraft ihre Wirbelsäule nicht zusammendrückt.

- Ein Tag auf Jupiter dauert knapp 10 Stunden, was ihn zum am schnellsten rotierenden Planeten im Sonnensystem macht.

- Der Kuipergürtel, eine Region jenseits von Neptun, enthält Tausende von kleinen eisigen Körpern, darunter Pluto.

- Der Asteroidengürtel zwischen Mars und Jupiter enthält Überreste eines gescheiterten Planeten.

- Saturn ist der am wenigsten dichte Planet, mit einer so geringen Dichte, dass er theoretisch im Wasser schwimmen könnte.

- Kosmische Strahlen sind energiereiche Partikel, die außerhalb des Sonnensystems entstehen und Astronauten schaden können.

- Das Hubble-Weltraumteleskop hat Bilder aus mehr als 13 Milliarden Lichtjahren Entfernung aufgenommen und frühe Galaxien enthüllt.

- Der Mondstaub (lunarer Regolith) ist extrem abrasiv und kann Ausrüstung beschädigen, was eine Herausforderung für zukünftige Mondmissionen darstellt.

- Neutronensterne sind unglaublich dichte Objekte, die aus zusammengebrochenen Supernovae entstehen, wobei ein zuckerwürfelgroßes Stück Milliarden von Tonnen wiegt.

- Die Oortsche Wolke ist eine hypothetische Schale aus eisigen Objekten, die unser Sonnensystem umgibt und als Quelle langperiodischer Kometen gilt.

- Die heißesten Sterne, sogenannte O-Typ-Sterne, können Temperaturen von über 40.000°C erreichen und haben relativ kurze Lebensdauern.

- Der erste entdeckte Exoplanet war 51 Pegasi b im Jahr 1995, der einen sternähnlichen Stern umkreist.

- Das Valles Marineris-Canyonsystem auf dem Mars ist über 4.000 km lang und übertrifft den Grand Canyon bei weitem.

- Mondfinsternisse treten auf, wenn die Erde zwischen Sonne und Mond gerät und einen rötlichen Schatten auf den Mond wirft.

- Der Begriff „Supermond" beschreibt einen Vollmond, der größer erscheint, weil er in seiner Umlaufbahn näher an der Erde ist.

- Quasare sind extrem leuchtende Objekte, die von supermassereichen Schwarzen Löchern angetrieben werden und mehr Energie ausstrahlen als ganze Galaxien.

- Der Begriff „Schwunghilfe" (Gravity Assist) bezieht sich auf Raumsonden, die die Schwerkraft eines Planeten nutzen, um Geschwindigkeit oder Flugbahn zu ändern.

- Europa, einer von Jupiters Monden, wird vermutet, einen unterirdischen Ozean unter seiner Eiskruste zu haben, was die Möglichkeit von Leben aufwirft.

- Die Sonne wird als Hauptreihenstern vom Typ G klassifiziert und wird sich in etwa 5 Milliarden Jahren zu einem Roten Riesen ausdehnen.

- Triton, Neptuns größter Mond, hat Geysire, die Stickstoffgas ausstoßen und auf mögliche unterirdische Erwärmung hinweisen.

- Meteoritenschauer treten auf, wenn die Erde durch Trümmer zieht, die von Kometen hinterlassen wurden, und dabei brillante Lichtschauspiele entstehen.

- Proxima Centauri ist mit etwa 4,24 Lichtjahren Entfernung der der Erde nächstgelegene Stern nach der Sonne.

- Auf Saturns Mond Enceladus gibt es Geysire, die Wasserdampf und Eispartikel ausstoßen, was auf einen unterirdischen Ozean unter dem Eis hinweist.

- Merkur hat fast keine Atmosphäre, was zu extremen Temperaturunterschieden zwischen Tag und Nacht führt.

- Das berühmte Foto "Pale Blue Dot", aufgenommen von Voyager 1, zeigt die Erde als winzigen Punkt in der Weite des Weltraums.

- Der Kuipergürtel beherbergt Zwergplaneten wie Pluto, Haumea, Makemake und Eris.

- Der Große Attraktor ist eine Gravitationsanomalie, die die Bewegung von Tausenden von Galaxien, einschließlich der Milchstraße, beeinflusst.

- Elektronische Geräte in Raumsonden müssen speziell abgeschirmt werden, um sie vor kosmischer Strahlung und dem Vakuum des Weltraums zu schützen.

- Die Große Magellansche Wolke ist eine Satellitengalaxie der Milchstraße und ist von der Südhalbkugel aus sichtbar.

- Der Pferdekopfnebel, benannt nach seiner markanten Form, ist eine Region aus Gas und Staub im Sternbild Orion.

- Die Methanseen und -flüsse auf Titan, einem der Monde Saturns, werden durch Regen aus der Stickstoff-Methan-Atmosphäre des Mondes aufgefüllt.

- Raumsonden wie New Horizons, die ins äußere Sonnensystem geschickt wurden, nutzen Radioisotopen-Thermoelektrische Generatoren zur Energieversorgung.

- Schwarze Löcher können durch die Akkretion von Materie von nahen Sternen oder durch Verschmelzungen mit anderen Schwarzen Löchern an Größe zunehmen.

- Sonnensegel sind ein theoretisches Antriebssystem, das das Sonnenlicht nutzt, um Raumsonden anzutreiben, ähnlich wie Wind Segelboote antreibt.

- Uranus war der erste Planet, der mit einem Teleskop entdeckt wurde, und wurde ursprünglich für einen Stern gehalten.

- SpaceX und Blue Origin haben wiederverwendbare Raketen entwickelt, die die Kosten für Raumflüge erheblich gesenkt haben.

- Voyager 2 ist die einzige Raumsonde, die an allen vier äußeren Planeten (Jupiter, Saturn, Uranus und Neptun) vorbeigeflogen ist.

- Die Gemini- und Apollo-Programme demonstrierten Weltraumspaziergänge, Andockmanöver und andere Techniken, die für Mondmissionen erforderlich waren.

- Der sechseckige Sturm am Nordpol von Saturn ist ein unerklärliches Phänomen, das erstmals von Voyager beobachtet wurde.

- Die "dunkle Seite des Mondes" ist ein Missverständnis, da alle Seiten Sonnenlicht erhalten; es ist einfach die Seite, die von der Erde abgewandt ist.

- Sonneneruptionen und koronale Massenauswürfe können Satellitenkommunikation und Stromnetze auf der Erde stören.

- Flüssiges Wasser kann aufgrund der dünnen Atmosphäre und des niedrigen Drucks auf der Marsoberfläche nicht existieren, aber salziges Wasser könnte unterirdisch bestehen bleiben.

- Die 2018 gestartete Parker Solar Probe wird der Sonne näher kommen als jede vorherige Raumsonde, um die Korona zu untersuchen.

- Die Mars-Rover wie Curiosity und Perseverance haben detaillierte Informationen über die Oberfläche und Geologie des Planeten geliefert.

- Das Licht der Sonne braucht etwa 8 Minuten und 20 Sekunden, um die Erde zu erreichen, und legt dabei 150 Millionen Kilometer zurück.

- Dunkle Materie und dunkle Energie, die wir nicht direkt beobachten können, machen vermutlich den größten Teil des Universums aus.

- Der Kern der Sonne erreicht Temperaturen von bis zu 15 Millionen Grad Celsius, wo durch Kernfusion Wasserstoff in Helium umgewandelt wird.

- Pluto, der als Zwergplanet eingestuft wurde, hat fünf bekannte Monde, wobei Charon der größte ist und fast die Hälfte der Größe Plutos ausmacht.

- Der Weltraum beginnt offiziell an der Kármán-Linie, 100 km über der Erdoberfläche.

- Die Milchstraße enthält schätzungsweise 100 Milliarden Sterne und ist Teil einer Gruppe namens Lokale Gruppe.

- Die Andromeda-Galaxie, die nächstgelegene Spiralgalaxie, wird in etwa 4,5 Milliarden Jahren mit der Milchstraße kollidieren.

- Triton, der größte Mond Neptuns, umkreist den Planeten in die entgegengesetzte Richtung seiner Rotation, was darauf hindeutet, dass er von Neptun eingefangen wurde.

- Der Körper eines Astronauten unterliegt in der Mikrogravitation signifikanten Veränderungen, einschließlich Muskelatrophie und Knochendichteverlust.

- Die Event Horizon Telescope-Kollaboration erfasste das erste Bild eines Schwarzen Lochs in der M87-Galaxie.

- Mars erlebt Staubstürme, die den gesamten Planeten umhüllen und wochenlang anhalten können, was die Stromerzeugung durch Sonnenenergie reduziert.

- Die meisten Meteore verglühen in der Erdatmosphäre, nur ein kleiner Teil erreicht den Boden als Meteoriten.

Berühmte Personen der Vergangenheit

- Kleopatra war angeblich das erste bekannte Opfer eines Schlangenbisses, traditionell angenommen von einer giftigen ägyptischen Kobra.

- Albert Einstein entwickelte die Relativitätstheorie, die unser Verständnis der Physik grundlegend veränderte und die ikonische Gleichung $E=mc^2$ einführte, die das Verhältnis zwischen Masse und Energie beschreibt. Obwohl er am bekanntesten für seine theoretischen Arbeiten ist, wurde Einstein 1952 die Präsidentschaft Israels angeboten, die er jedoch ablehnte, da er sich für die Politik nicht geeignet hielt.

- Napoleon Bonaparte wurde einmal während einer Jagdreise im Jahr 1807 von einer Horde Kaninchen angegriffen, die sein Stabschef organisiert hatte.

- Julius Cäsar wurde im Alter von etwa 25 Jahren von Piraten entführt und stellte später eine Flotte zusammen, um sie gefangen zu nehmen.

- Mozart komponierte ein Stück mit dem Titel „Leck mich im Arsch", ein humorvoller Kanon.

- Dschingis Khan badete selten, da er glaubte, es sei schädlich für die Gesundheit, legte aber großen Wert auf persönliche Hygiene.

- Sir Isaac Newton hatte einen Hund namens Diamond, der einmal eine Kerze umstieß und damit ein Feuer entfachte, das viele von Newtons Papieren zerstörte.

- Marie Antoinette sagte nie „Lasst sie Kuchen essen." Dieser Satz wurde ihr während der Französischen Revolution fälschlicherweise zugeschrieben.

- Heinrich VIII. von England besaß eine Sammlung von über 2.000 Wandteppichen.

- Sokrates behauptete, einen persönlichen Dämon zu haben, der ihn vor Fehlern warnte, ihm aber nie sagte, was er tun solle.

- Jeanne d'Arc begann im Alter von 13 Jahren Stimmen zu hören, die sie für Botschaften Gottes hielt.

- Michelangelo war dafür bekannt, temperamentvoll zu sein und seine eigenen Werke aus Frustration zu zerstören.

- Königin Victoria war Überträgerin der Hämophilie, einer genetischen Störung, die mehrere europäische Königshäuser betraf. Hämophilie ist eine erbliche Blutgerinnungsstörung, bei der das Blut nicht richtig gerinnt.

- Leonardo da Vinci sezierte über 30 menschliche Leichen, um Anatomie und Physiologie zu studieren.

- Charles Darwin litt an einer Angst vor engen Räumen, bekannt als Klaustrophobie.

- Jeanne d'Arc wurde von den Burgundern gefangen genommen, an die Engländer verkauft und später wegen Ketzerei auf dem Scheiterhaufen verbrannt.

- Edgar Allan Poe heiratete seine 13-jährige Cousine Virginia Clemm, als er 27 Jahre alt war.

- Galileo Galilei wurde von der katholischen Kirche unter Hausarrest gestellt, weil er das heliozentrische Modell des Universums propagierte.

- Thomas Edison hatte Angst vor der Dunkelheit und schlief immer mit eingeschaltetem Licht.

- Kleopatra sprach mehrere Sprachen fließend, darunter Ägyptisch, Griechisch und Latein.

- Napoleon Bonaparte wurde einmal von einem Attentatsversuch durch seine Geliebte Josephine gerettet.

- Trotz seiner enormen wissenschaftlichen Beiträge hatte Albert Einstein anfangs Schwierigkeiten in seiner akademischen Laufbahn und konnte nach dem Studium aufgrund seiner unkonventionellen Methoden keine Lehrstelle finden.

- Königin Elisabeth I. war für ihre Liebe zu Zucker bekannt, was dazu führte, dass ihre Zähne mit der Zeit schwarz wurden.

- Benjamin Franklin war den Großteil seines Lebens Vegetarier und glaubte, dass dies zu seiner Gesundheit und Langlebigkeit beitrug.

- Isaac Newton erfand die Katzenklappe, eine kleine Öffnung in einer Tür, durch die Katzen hindurchgehen können.

- Marie Curies Notizbücher aus ihren Forschungen zur Radioaktivität sind noch immer radioaktiv und werden in bleigefütterten Kisten aufbewahrt.

- Leonardo da Vinci entwarf Pläne für eine Flugmaschine, einen Panzer und einen Taucheranzug, neben vielen weiteren Erfindungen.

- Es wird gemunkelt, dass Dschingis Khan grüne Augen und rote Haare hatte, ungewöhnliche Merkmale für jemanden mongolischer Abstammung.

- Königin Elisabeth I. überlebte mehrere Attentatsversuche, darunter einen mit vergifteten Handschuhen.

- Vincent van Gogh schnitt sich während eines Wutanfalls selbst das Ohr ab und übergab es später einer Prostituierten.

- Charles Darwin hatte große Angst vor Gewittern und versteckte sich während Stürmen unter seinem Bett.

- Jeanne d'Arc trug Männerkleidung und behauptete, Visionen von Heiligen erhalten zu haben, die ihr befahlen, das französische Heer anzuführen.

- Sokrates wurde zum Tode verurteilt und musste den Giftbecher mit Schierling trinken, nachdem er für schuldig befunden wurde, die Jugend Athens zu verderben und sich der Gottlosigkeit schuldig gemacht zu haben.

- Heinrich VIII. von England hatte sechs Ehefrauen, von denen er zwei hinrichten ließ.

- Galileo Galilei war der erste, der die Monde des Jupiter durch ein Teleskop beobachtete.

- Kleopatra war die letzte aktive Herrscherin des Ptolemäischen Königreichs von Ägypten, bevor es zu einer Provinz des Römischen Reiches wurde.

- Die Nachfahren von Dschingis Khan werden heute auf Millionen geschätzt. Genetische Studien legen nahe, dass etwa 16 Millionen Männer weltweit ihre Y-Chromosomen-Linie auf ihn zurückführen können.

- Königin Elisabeth I. heiratete nie und war als „jungfräuliche Königin" oder „Good Queen Bess" bekannt.

- Thomas Edison war teilweise taub und führte seinen Hörverlust auf eine Scharlacherkrankung in seiner Kindheit zurück.

- Leonardo da Vinci war bekannt für seinen Vegetarismus und seine Tierliebe. Er kaufte oft Vögel in Käfigen auf dem Markt, um sie freizulassen.

- Napoleon Bonaparte war für seine geringe Körpergröße bekannt, er war etwa 1,60 m groß.

- Michelangelo war beidhändig und konnte gleichzeitig mit beiden Händen zeichnen.

- Sokrates schrieb nie etwas auf, sodass das meiste, was über ihn bekannt ist, aus den Schriften seiner Schüler, insbesondere Platons, stammt.

- Marie Curie war die erste Frau, die einen Nobelpreis gewann, und bleibt bis heute die einzige Person, die Nobelpreise in zwei verschiedenen wissenschaftlichen Disziplinen erhielt.

- Kleopatra hatte romantische Beziehungen zu Julius Cäsar und später zu Mark Anton, beide waren mächtige römische Führer.

- Königin Elisabeth I. hatte eine lebenslange Angst vor der Ehe, möglicherweise beeinflusst durch das turbulente Liebesleben ihres Vaters und das Schicksal ihrer Mutter.

- Vincent van Gogh verkaufte zu Lebzeiten nur ein einziges Gemälde.

- Christoph Kolumbus betrat während seiner Entdeckungsreisen nie das Gebiet des heutigen Vereinigten Staaten.

- Albert Einstein trug nie Socken, da er sie als unnötig und unangenehm empfand.

- Leonardo da Vinci war Linkshänder und schrieb seine Notizen von rechts nach links in Spiegelschrift.

- Alexander der Große war fasziniert von Medizin und diagnostizierte oft die Krankheiten seiner Soldaten.

- Wolfgang Amadeus Mozart komponierte in seinem Leben über 600 Werke, darunter Symphonien, Opern und Kammermusik.

- Dschingis Khan war verantwortlich für den Tod von schätzungsweise 40 Millionen Menschen während seiner Militärkampagnen.

- Vincent van Gogh begann erst in seinen späten Zwanzigern zu malen und schuf über 2.000 Kunstwerke in weniger als einem Jahrzehnt.

- Alexander der Große starb im Alter von 32 Jahren unter mysteriösen Umständen, möglicherweise an Malaria oder einer Vergiftung.

- Albert Einstein vergaß oft Verabredungen und war häufig auf seine Frau Mileva angewiesen, um seinen Terminplan im Auge zu behalten.

- Marie Antoinette war bekannt für ihren extravaganten Lebensstil und ihre verschwenderischen Ausgaben, was zu ihrer Unbeliebtheit unter dem französischen Volk beitrug.

Berühmte Personen der Gegenwart

- Oprah Winfreys Geburtsname ist eigentlich Orpah, aber er wurde auf ihrer Geburtsurkunde falsch geschrieben. In einer Folge der „Oprah Winfrey Show" verschenkte sie 276 Autos an ihre Zuschauer. Oprah hat eine Angst vor Kaugummi und erlaubt es nicht in ihrer Nähe.

- Bill Gates erzielte 1590 von 1600 Punkten in seinem SAT-Test. Einmal ließ Gates während eines TED Talks ein Glas voller Mücken frei, um auf die Malariaprävention aufmerksam zu machen.

- Barack Obama sammelt Spider-Man- und Conan der Barbar-Comics. Er war der erste amtierende Präsident, der ein Bundesgefängnis besuchte.

- Ellen DeGeneres arbeitete einmal als Malerin und Staubsaugerverkäuferin. Sie hat außerdem eine große Angst vor Clowns.

- Jeff Bezos wählte den Namen „Amazon" für seine Firma, weil er einen Namen wollte, der mit dem Buchstaben „A" beginnt und so in alphabetischen Listen ganz oben erscheint. Er arbeitete während der Highschool kurz bei McDonald's.

- Warren Buffett, einer der reichsten Menschen der Welt, lebt immer noch in demselben Haus, das er 1958 in Omaha, Nebraska, für 31.500 US-Dollar gekauft hat.

- Mark Zuckerberg ist rot-grün-farbenblind, was der Grund dafür ist, dass Facebooks Hauptfarbe blau ist. Er baute eine „Schlafbox" für seine Frau, um ihr als neue Mutter bei ihrem Schlafrhythmus zu helfen. Zuckerbergs Hund Beast hat über 2,6 Millionen Follower auf Facebook.

- Tom Hanks hat einen Asteroiden, der nach ihm benannt ist: 12818 Tomhanks. Er ist auch mit dem ehemaligen Präsidenten Abraham Lincoln verwandt, durch Lincolns Mutter Nancy Hanks.

- Serena Williams hat die Angewohnheit, ihren Tennisball vor dem ersten Aufschlag fünfmal und vor dem zweiten zweimal aufprallen zu lassen.

- Michael Phelps, der Olympiaschwimmer, isst während des Trainings 12.000 Kalorien pro Tag, einschließlich Pizza und Pasta.

- Cristiano Ronaldo schläft in einer Sauerstoffkammer, um die Muskelregeneration zu unterstützen.

- Taylor Swifts Glückszahl ist 13. Sie wurde am 13. geboren, wurde an einem Freitag, den 13., 13 Jahre alt, und ihr erstes Album erreichte in 13 Wochen Goldstatus.

- Usain Bolt aß während der Olympischen Spiele 2008 in Peking 1.000 Chicken McNuggets.

- Adele schloss die BRIT School for Performing Arts & Technology ab, zusammen mit Klassenkameraden wie Jessie J und Leona Lewis.

- Katy Perrys richtiger Name ist Katheryn Elizabeth Hudson. Sie änderte ihn, um Verwechslungen mit der Schauspielerin Kate Hudson zu vermeiden.

- Justin Bieber kann einen Zauberwürfel in weniger als zwei Minuten lösen.

- Rihannas Hit „Umbrella" wurde ursprünglich für Britney Spears geschrieben.

- Tiger Woods ist ein zertifizierter Taucher und hat am Great Barrier Reef getaucht.

- Ariana Grande hat einen Stimmumfang von fünf Oktaven, von einem tiefen B2 bis zu einem hohen Eb7.

- Novak Djokovic ist für seine glutenfreie Ernährung bekannt, die er für seine verbesserte Gesundheit und Leistung verantwortlich macht.

- Simone Biles hat eine Aufmerksamkeitsdefizit-Hyperaktivitätsstörung (ADHS), die sie jedoch nicht davon abhielt, eine der größten Turnerinnen aller Zeiten zu werden.

- Shakira spricht fünf Sprachen: Spanisch, Englisch, Portugiesisch, Italienisch und Arabisch.

- Kobe Bryant gewann 2018 einen Oscar für den besten animierten Kurzfilm für „Dear Basketball", basierend auf einem Brief, den er zur Ankündigung seines Rücktritts aus dem Basketball schrieb.

- Kanye West arbeitete als Telefonverkäufer, bevor er Rapper wurde.

- Taylor Swift gewann einmal einen nationalen Poesiewettbewerb mit ihrem Gedicht „Monster in My Closet", als sie in der vierten Klasse war.

- Kim Kardashians erster Job war als Stylistin für Paris Hilton.

- Lady Gaga ist die erste Künstlerin, die im selben Jahr einen Golden Globe, Grammy, BAFTA und Oscar gewonnen hat.

- Lionel Messi hat eine seltene Störung namens Wachstumshormonmangel, die sein Wachstum als Kind beeinträchtigte.

- Roger Federer ist ein Polyglott und spricht fließend Schweizerdeutsch, Hochdeutsch, Französisch und Englisch.

- Ed Sheeran ist ein großer Fan von Ketchup und hat sogar eine Flasche davon auf seinem Arm tätowiert.

- Shakiras Hüften lügen nicht; sie wurde seit ihrem vierten Lebensjahr im Bauchtanz unterrichtet.

- Kobe Bryant sprach fließend Italienisch und Spanisch.

- Nicki Minajs Alter Ego, Roman Zolanski, ist ein britischer homosexueller Mann.

- Roger Federer ist ein Polyglott und spricht fließend Schweizerdeutsch, Hochdeutsch, Französisch und Englisch.

- Kanye West sammelt Kunst und hat eine umfangreiche Sammlung zeitgenössischer und moderner Werke.

- Usain Bolts Lieblingsessen sind Yamswurzeln, ein beliebtes Gericht in seiner Heimat Jamaika.

- Taylor Swifts Katze, Olivia Benson, ist nach der Figur benannt, die Mariska Hargitay in "Law & Order: SVU" spielt.

- Kim Kardashian hatte einmal einen Cameo-Auftritt in dem Film „Disaster Movie".

- LeBron James war einmal ein Teilnehmer in der Gameshow „The Price Is Right", verlor jedoch.

- Adeles Lieblingsfernsehserie ist „The Walking Dead".

- Cristiano Ronaldos Lieblingsschauspieler ist Al Pacino.

- Lady Gaga ist ein großer Fan von Horrorfilmen und hat gesagt, dass sie ihre Musik inspirieren.

- Justin Bieber hat Angst vor Haien.

- Serena Williams hat die Angewohnheit, ihren Tennisball vor dem ersten Aufschlag fünfmal und vor dem zweiten zweimal aufprallen zu lassen.

- Katy Perry sammelt antike Kinderwagen.

- Rihannas erster Job war der Verkauf von Kleidung in einem Straßenstand in Barbados.

- Tiger Woods ist ein erfahrener Taucher und hat Korallenriffe auf der ganzen Welt erkundet.

- Ariana Grande ist ein großer Fan der Harry-Potter-Reihe und besitzt sogar einen Zauberstab.

- Beyoncé hat Höhenangst.

- Shakiras Hüften sind für eine Milliarde Dollar versichert.

- Kobe Bryant war ein großer Fan des Films „Der Pate" und benannte seine Produktionsfirma „Granity Studios" nach dem Film.

- Nicki Minaj ist ein großer Fan der Cartoonfigur SpongeBob Schwammkopf.

- Roger Federer arbeitete als Kind als Balljunge bei den Swiss Indoors Tennismeisterschaften.

- Kanye West besitzt ein Paar Hausschuhe aus Fuchsfell.

- Usain Bolt hat Skoliose, eine Erkrankung, bei der sich die Wirbelsäule seitlich krümmt.

- Taylor Swift veröffentlichte versehentlich ihre eigene Telefonnummer in einem Musikvideo.

- Kim Kardashians Lieblingsfernsehserie ist „The Golden Girls".

- LeBron James schläft während der NBA-Saison im Durchschnitt 12 Stunden pro Tag, um sich zu erholen.

- Adele hat Angst vor Möwen.

- Lady Gaga hatte einmal einen Auftritt in „Die Sopranos" als Mitglied der Soprano-Familie.

- Justin Bieber hat einmal während eines Konzerts in Arizona auf der Bühne erbrochen.

- Serena Williams packt bei Reisen zu Turnieren oft ihr eigenes Essen ein.

- Katy Perry hat eine Katze namens Kitty Purry.

- Tiger Woods' Lieblingsessen sind Cheeseburger.

- Ariana Grandes Lieblingstier ist der Seeotter.

- Ed Sheeran hat Justin Bieber versehentlich mit einem Golfschläger ins Gesicht geschlagen, als er betrunken war.

- LeBron James gibt jährlich über 1,5 Millionen US-Dollar für die Pflege seines Körpers aus, einschließlich Kryotherapie und Hyperbarkammern. Er ist Miteigentümer des Liverpool Football Clubs. Vor jedem Spiel isst James dasselbe Gericht: Hühnchen, Pasta mit Tomatensoße und einen Salat mit Balsamico-Vinaigrette.

- Michael Jordan hat Angst vor Wasser und ist kein guter Schwimmer. Er ist der einzige NBA-Spieler, der im Alter von 40 Jahren oder älter 40 oder mehr Punkte in einem Spiel erzielte.

- Elon Musk brachte sich im Alter von 12 Jahren das Programmieren bei und verkaufte ein Videospiel namens „Blastar" für 500 Dollar. Er plante einmal, ein Gewächshaus mit einem Miniatur-Olivenbaum als erstes Leben auf den Mars zu schicken. Musk besitzt nicht nur die Elektroauto-Firma Tesla, sondern auch „The Boring Company", die sich mit dem Graben von Tunneln für Transportsysteme beschäftigt.

- Simone Biles kann einen dreifachen doppelten Rückwärtssalto ausführen, eine Fähigkeit, die keine andere Turnerin vollbracht hat.

- Drake ist ein großer Fan der britischen Fernsehserie „Top Boy" und half, sie als Executive Producer wiederzubeleben.

- Beyoncé hat sich einmal während eines Auftritts versehentlich die Haare angezündet, sang aber weiter, ohne eine Pause zu machen.

- Lionel Messi hat eine Wachstumsstörung namens Wachstumshormonmangel, weshalb er in seiner Jugend Wachstumshormonspritzen erhielt.

- Shakiras Song „Waka Waka (This Time for Africa)" ist der meistverkaufte WM-Song aller Zeiten.

- Kobe Bryant erzielte einmal 81 Punkte in einem einzigen NBA-Spiel, die zweithöchste Punktzahl in der Geschichte.

- Nicki Minaj versuchte einmal, als Kellnerin zu arbeiten, wurde jedoch am ersten Tag gefeuert, weil sie unhöflich zu den Kunden war.

Psychologie und Verhalten

- Menschen neigen dazu, im Kreis zu gehen, wenn sie verloren sind, was vermutlich auf natürliche Asymmetrien in der Beinmuskulatur oder Schrittlänge zurückzuführen ist.

- Menschen gähnen häufiger, wenn andere um sie herum gähnen, ein Phänomen, das als ansteckendes Gähnen bekannt ist.

- Menschen erinnern sich eher an unerledigte Aufgaben als an erledigte, ein Phänomen, das als Zeigarnik-Effekt bezeichnet wird.

- Der „IKEA-Effekt" führt dazu, dass Menschen Dinge, die sie selbst zusammengebaut haben, höher schätzen als fertige Artikel.

- Menschen neigen dazu, ihre Fähigkeiten zu überschätzen, wenn sie wenig Wissen über ein Thema haben, bekannt als der Dunning-Kruger-Effekt.

- Oft wählen Menschen die mittlere Option, wenn sie vor drei Alternativen stehen, aufgrund eines psychologischen Phänomens, das als Kompromisseffekt bekannt ist.

- Wenn Menschen in Gruppen lachen, schauen sie tendenziell die Person an, zu der sie sich am engsten verbunden fühlen.

- Bei begrenzten Optionen erleben Menschen oft eine Überlastung der Wahlmöglichkeiten und treffen gar keine Entscheidung.

- Menschen kaufen eher Produkte, deren Preis knapp unter einer runden Zahl liegt, wie zum Beispiel 19,99 $ statt 20 $.

- In stressigen Situationen suchen Menschen oft nach Trostessen oder nostalgischen Aktivitäten aus ihrer Kindheit.

- Menschen neigen dazu zu glauben, dass andere stärker von Medien oder Überzeugungstechniken beeinflusst werden als sie selbst, bekannt als der Dritte-Personen-Effekt.

- Menschen unterschätzen oft den Einfluss subtiler Umweltfaktoren auf ihr Verhalten, ein Phänomen, das als Priming bezeichnet wird.

- Menschen neigen dazu, sich der Meinung der Gruppe anzuschließen, auch wenn sie anfangs anderer Meinung sind, bekannt als Gruppendenken.

- Menschen überschätzen oft, wie sehr andere ihre Überzeugungen und Vorlieben teilen, bekannt als der falsche Konsenseffekt.

- Menschen unterschätzen generell die Zeit, die sie benötigen, um eine Aufgabe zu erledigen, bekannt als der Planungsfehlschluss.

- Menschen fühlen sich eher mit einer Entscheidung zufrieden, wenn diese schwer zu treffen oder unumkehrbar ist, aufgrund der kognitiven Dissonanz nach der Entscheidung.

- Der „Mere-Exposure-Effekt" führt dazu, dass Menschen etwas mögen, einfach weil sie es häufig sehen.

- Wenn jemand in einer Gruppe einen Witz erzählt, lachen andere lauter und länger, wenn sie diese Person mögen.

- Menschen neigen dazu, anzunehmen, dass attraktive Personen auch andere positive Eigenschaften haben, bekannt als der Halo-Effekt.

- Menschen glauben oft, dass ihre Erinnerungen genauer sind, als sie tatsächlich sind, aufgrund der rekonstruktiven Natur des Gedächtnisses.

- Menschen fühlen sich in ihrer Entscheidung sicherer, wenn andere ähnliche Entscheidungen treffen, bekannt als sozialer Beweis.

- Menschen vermeiden eher Verluste, als dass sie Gewinne anstreben, ein Konzept, das als Verlustaversion bezeichnet wird.

- Die „Foot-in-the-Door-Technik" erhöht die Bereitschaft, einer großen Bitte nachzukommen, nachdem man zuerst einer kleineren zugestimmt hat.

- Menschen ändern eher ihr Verhalten, wenn sie positive Verstärkung erhalten, anstatt bestraft zu werden.

- Menschen neigen dazu, das Verhalten anderer auf deren Persönlichkeit zurückzuführen, während sie ihr eigenes Verhalten auf situative Faktoren schieben, bekannt als fundamentaler Attributionsfehler.

- Menschen neigen dazu, ihre Besitztümer zu überbewerten, einfach weil sie ihnen gehören, bekannt als Endowment-Effekt.

- Menschen sind eher geneigt, einer Nachricht zuzustimmen, wenn diese mit ihren bestehenden Überzeugungen übereinstimmt, aufgrund des Bestätigungsfehlers.

- Wenn Menschen Teil einer Gruppe sind, sind sie weniger geneigt, jemandem in Not zu helfen, da die Verantwortung aufgeteilt wird, bekannt als Verantwortungsdiffusion.

- Menschen sind generell schlecht darin, ihre eigenen zukünftigen Emotionen vorherzusagen, was als affektive Vorhersagefehler bekannt ist.

- Menschen setzen ihre Ziele eher um, wenn sie diese konkret machen und aufschreiben.

- Menschen überschätzen oft, wie sehr andere ihre Fehler oder Schwächen bemerken, ein Phänomen, das als Spotlight-Effekt bekannt ist.

- Menschen bevorzugen es oft, an vertrauten Routinen und Aktivitäten festzuhalten, selbst wenn es bessere Alternativen gibt, aufgrund des Status-quo-Bias.

- Menschen neigen dazu, mehrdeutige Informationen so zu interpretieren, dass sie ihre bestehenden Überzeugungen stützen, bekannt als motiviertes Denken.

- Menschen helfen eher anderen, wenn sie in einer positiven Stimmung sind, aufgrund des Feel-Good-do-Good-Effekts.

- Der „Framing-Effekt" bedeutet, dass Menschen auf dieselbe Information unterschiedlich reagieren, je nachdem, wie sie präsentiert wird.

- Menschen neigen dazu, neutrale Ausdrücke als negativ wahrzunehmen, wenn sie selbst in schlechter Stimmung sind, ein Phänomen, das als emotionale Kongruenz bezeichnet wird.

- Menschen sind eher bereit, eine verzögerte Belohnung anzunehmen, wenn sie als Bonus und nicht als Verlust dargestellt wird.

- Bei begrenzten Informationen treffen Menschen oft schnelle Urteile basierend auf Stereotypen oder vergangenen Erfahrungen.

- Menschen sind in schlecht beleuchteten Umgebungen eher unehrlich, da es ihnen ein Gefühl von Anonymität gibt.

- Menschen neigen dazu, Gruppennormen zu folgen, selbst wenn diese ihren eigenen Überzeugungen widersprechen, aus dem Bedürfnis nach sozialer Anerkennung.

- Menschen erinnern sich eher falsch an Ereignisse, wenn sie später mit irreführenden Informationen konfrontiert werden, bekannt als der Misinformationseffekt.

- Der „Cheerleader-Effekt" beschreibt die Tendenz, Menschen als attraktiver wahrzunehmen, wenn sie in Gruppen sind, anstatt allein.

- Menschen vertrauen eher denen, die Wärme und Freundlichkeit zeigen, selbst wenn es ihnen an Kompetenz mangelt.

- Menschen haben ein angeborenes Verlangen, Unsicherheiten zu lösen, was oft zu Neugier und risikoreichem Verhalten führt.

- Menschen fällt es oft leichter, Informationen abzurufen, die ihrer aktuellen Stimmung entsprechen, aufgrund der stimmungskongruenten Erinnerung.

- Menschen sagen eher ja zu einer Bitte, wenn ihnen vorher ein Gefallen getan wurde, bekannt als das Reziprozitätsprinzip.

- Menschen neigen eher dazu, etwas zu kaufen, wenn sie es berühren, besonders bei Produkten mit hoher Textur oder Luxusgütern.

- Der „Spotlight-Effekt" lässt Menschen glauben, dass sie mehr bemerkt werden, als es tatsächlich der Fall ist.

- Menschen imitieren unbewusst die Gesten und Ausdrücke anderer, um Rapport aufzubauen, was als Chamäleon-Effekt bezeichnet wird.

- Menschen wiederholen eher Verhaltensweisen, die belohnt werden, und vermeiden jene, die bestraft werden, bekannt als operante Konditionierung.

- Menschen denken kreativer, wenn sie müde sind oder während ihrer Nicht-Hochphasen, da die Selbstzensur reduziert ist.

Geographie und Kontinente

- Afrika ist der einzige Kontinent, der vom Äquator, dem Nullmeridian sowie den Wendekreisen des Krebses und des Steinbocks durchquert wird.

- Asien beheimatet die beiden bevölkerungsreichsten Länder der Welt, China und Indien, die zusammen mehr als ein Drittel der Weltbevölkerung ausmachen.

- Das Tote Meer, das zwischen Jordanien und Israel liegt, ist der tiefste Punkt auf dem Festland, und liegt 430 Meter unter dem Meeresspiegel.

- Der Mount Everest, der höchste Berg der Welt, liegt an der Grenze zwischen Nepal und China und wächst jedes Jahr durch die Bewegung der tektonischen Platten weiter.

- Die Antarktis ist der kälteste, trockenste und windigste Kontinent und hat keine dauerhaften menschlichen Bewohner.

- Der Amazonas in Südamerika führt mehr Wasser als jeder andere Fluss und trägt etwa 20 % des weltweiten Süßwasserabflusses bei.

- Europa ist der zweitkleinste Kontinent, hat jedoch das am besten entwickelte Schienennetz, das fast jede Stadt mit Zügen verbindet.

- Die Sahara in Afrika ist die größte heiße Wüste der Welt, etwa so groß wie die USA, war jedoch einst ein grünes, fruchtbares Gebiet.

- Der längste Fluss Europas, die Wolga, fließt vollständig durch Russland und ist von großer Bedeutung für den Transport und die Bewässerung.

- Grönland ist die größte Insel der Erde, gilt jedoch nicht als Kontinent und ist größtenteils von einer Eisschicht bedeckt.

- Afrika wird als Wiege der Menschheit angesehen, mit fossilen Funden früher Hominiden, die Millionen von Jahren zurückreichen.

- Die Anden in Südamerika sind die längste Gebirgskette der Welt und erstrecken sich über mehr als 7.000 Kilometer.

- Der nördliche Polarkreis umfasst Teile von acht Ländern, aber kein Land beansprucht den Nordpol vollständig.

- Uluru (Ayers Rock) in Australien ist einer der größten Monolithen der Welt und ein heiliger Ort der Aborigines.

- Asien ist der größte Kontinent nach Landfläche und beherbergt etwa 60 % der Weltbevölkerung.

- Der Mississippi, Nordamerikas längster Fluss, hat ein Einzugsgebiet, das mehr als 40 % der zusammenhängenden USA umfasst.

- Die Angel Falls in Südamerika sind mit über 980 Metern der höchste ununterbrochene Wasserfall der Welt.

- Der Vatikan in Europa ist der kleinste unabhängige Staat der Welt, sowohl in Bezug auf die Bevölkerung als auch auf die Größe, mit etwa 800 Einwohnern.

- Der höchste Punkt Afrikas ist der Kilimandscharo, ein erloschener Vulkan mit einer Höhe von 5.895 Metern.

- Die Antarktis enthält etwa 70 % des weltweiten Süßwassers in Form von Eis, obwohl keiner ihrer Gletscher benannt ist.

- Die Uralgebirgskette in Russland gilt als natürliche Grenze zwischen Europa und Asien.

- Die Gobi-Wüste in Asien ist eine der größten Wüsten der Welt und erstreckt sich über Nordchina und die Mongolei.

- Das Große Rift Valley in Afrika ist eine geologische Formation, die durch tektonische Kräfte entstanden ist und sich von Libanon bis Mosambik erstreckt.

- Die Alpen in Europa sind bekannt für ihre Skigebiete und beinhalten den Mont Blanc, den höchsten Gipfel Westeuropas.

- Der Amazonas-Regenwald ist der größte tropische Regenwald der Welt und erstreckt sich über mehr als 5,5 Millionen Quadratkilometer in neun südamerikanischen Ländern.

- Afrika hat mit 54 anerkannten Staaten die meisten Länder aller Kontinente.

- Der Fiordland-Nationalpark in Neuseeland ist einer der größten Fjorde der Welt und wurde von alten Gletschern geformt.

- Der Donaustrom fließt durch zehn europäische Länder, was ihn zum internationalsten Fluss der Welt macht.

- Südafrika hat drei Hauptstädte: Pretoria (administrativ), Kapstadt (gesetzgebend) und Bloemfontein (richterlich).

- Das australische Outback ist eine dünn besiedelte Region, die für ihre raue Schönheit und einzigartige Tierwelt bekannt ist.

- Das Kaspische Meer in Asien ist das größte abgeschlossene Binnengewässer der Welt und wird sowohl als See als auch als Meer angesehen.

- Der Eiffelturm in Europa wurde zunächst kritisiert, ist aber heute eines der meistbesuchten Denkmäler der Welt.

- Die Atacama-Wüste in Chile ist einer der trockensten Orte der Erde und erhält weniger als 15 Millimeter Niederschlag pro Jahr.

- Der Grand Canyon in Nordamerika, der vom Colorado River geformt wurde, ist an einigen Stellen über 1,6 Kilometer tief.

- In der Antarktis gibt es einen aktiven Vulkan, den Mount Erebus, der einer der wenigen Vulkane mit einem permanenten Lavasee ist.

- Der Baikalsee in Asien ist der tiefste Süßwassersee der Welt und erreicht eine Tiefe von über 1.600 Metern.

- Der Mount Fuji ist Japans höchster Berg und ein nationales Symbol, das häufig in Kunst und Literatur dargestellt wird.

- Der Schwarzwald in Deutschland ist bekannt für seine dichten Wälder und diente als Inspiration für viele Märchen der Brüder Grimm.

- Das Pantanal in Südamerika ist das größte tropische Feuchtgebiet der Welt und beheimatet eine vielfältige Tierwelt wie Jaguare und Kaimane.

- Das Himalaya-Gebirge, das sich über fünf Länder in Asien erstreckt, enthält zehn der vierzehn höchsten Gipfel der Welt.

- Die Eisschicht Grönlands schmilzt rapide und trägt erheblich zum globalen Anstieg des Meeresspiegels bei.

- Die Galapagos-Inseln, die im Pazifik liegen, beherbergen viele einzigartige Arten, die Darwins Theorie der Evolution inspirierten.

- Die Appalachen in Nordamerika gehören zu den ältesten Gebirgsketten der Welt und werden auf über 480 Millionen Jahre geschätzt.

- Südafrika ist eines der wenigen Länder mit drei Hauptstädten, die verschiedene Regierungszweige bedienen.

- Die Blaue Lagune in Island, Europa, ist ein geothermisches Spa mit warmem, mineralreichem Wasser, dem heilende Eigenschaften zugeschrieben werden.

- Der Südliche Ozean, der von einigen als fünfter Ozean anerkannt wird, umgibt die Antarktis und spielt eine wichtige Rolle im Klimasystem der Erde.

- Der Mekong-Fluss in Asien sichert die Lebensgrundlage von Millionen von Menschen durch seine fischreichen Gewässer und fruchtbaren Überschwemmungsebenen.

- Das Great Dividing Range in Australien ist mit 3.700 Kilometern die drittlängste Gebirgskette auf dem Festland.

- Stonehenge in Europa ist ein prähistorisches Monument, dessen Bau und Zweck bis heute ein Rätsel bleiben.

- Das Death Valley in Nordamerika ist einer der heißesten Orte der Erde, mit Temperaturen von über 54°C.

- Die Namib-Wüste in Afrika ist eine der ältesten Wüsten der Welt, mit Dünen, die über 300 Meter hoch sind.

- Die Atacama-Wüste in Südamerika ist die trockenste nicht-polare Wüste der Erde, mit Gebieten, in denen noch nie Niederschläge aufgezeichnet wurden.

- Die Victoriafälle in Afrika, auch bekannt als „Der Rauch, der donnert", sind der größte Wasserfall der Welt in Bezug auf Breite und Höhe.

- Der Jangtse in Asien ist der längste Fluss des Kontinents und der drittlängste der Welt.

- Der Schiefe Turm von Pisa in Europa wurde unabsichtlich auf instabilem Boden errichtet, was zu seiner berühmten Neigung führte.

- Die Great Ocean Road in Australien ist eine der malerischsten Küstenstraßen der Welt und führt an ikonischen Sehenswürdigkeiten wie den Zwölf Aposteln vorbei.

- Das Okavango-Delta in Afrika überschwemmt saisonal und verwandelt sich von einer trockenen Savanne in eine üppige Oase voller Wildtiere.

- Die Skandinavische Halbinsel in Europa gehört zu den Regionen mit den höchsten Lebensstandards weltweit.

- Die Chinesische Mauer, die aus dem Weltraum sichtbar ist, ist über 21.000 Kilometer lang und wurde über mehrere Dynastien hinweg erbaut.

- Der Felsen von Gibraltar in Europa ist bekannt für seine Berberaffen, die einzige wildlebende Affenpopulation in Europa.

- Der Mount Elbrus, ein erloschener Vulkan in Russland, ist mit 5.642 Metern der höchste Gipfel Europas.

- Die Große Victoria-Wüste ist die größte Wüste Australiens und bedeckt eine Fläche, die größer ist als das Vereinigte Königreich.

- Der Yellowstone-Nationalpark in Nordamerika enthält über die Hälfte der weltweit bekannten Geysire.

- Die Transsibirische Eisenbahn in Europa ist die längste Bahnstrecke der Welt und erstreckt sich über 9.200 Kilometer durch Russland.

- Das Kongobecken in Afrika ist der zweitgrößte Regenwald der Welt und beherbergt ein Viertel der tropischen Wälder der Erde.

- Die Flüsse Tigris und Euphrat in Asien waren für die antiken Zivilisationen Mesopotamiens von entscheidender Bedeutung.

- Der Ätna in Italien ist der aktivste Vulkan Europas und erlebt häufige Ausbrüche.

- Das Outback in Australien umfasst den größten Teil des Landesinneren, ist jedoch nur dünn besiedelt.

- Der Titicacasee, der zwischen Peru und Bolivien liegt, ist der höchstgelegene schiffbare See der Welt.

- Der Eurotunnel, der das Vereinigte Königreich mit Frankreich verbindet, ist der längste Unterwassertunnel der Welt.

- Die Gobi-Wüste, die sich über die Mongolei und China erstreckt, weist extreme Temperaturschwankungen auf, die von -40°C bis 50°C reichen.

- Das Great Barrier Reef vor der Küste Australiens ist das größte Korallenriff der Welt und kann sogar aus dem Weltraum gesehen werden.

- Nordamerika beheimatet den Lake Superior, den größten Süßwassersee der Welt, gemessen an der Fläche.

- Australien ist der einzige Kontinent, der auch ein Land ist, und beherbergt einzigartige Wildtiere wie Kängurus und Koalas.

- Der Marianengraben im Pazifik ist mit fast 11.000 Metern die tiefste Stelle der Erde.

Erstaunliche historische Fakten

- Die Große Pyramide von Gizeh wurde vor etwa 4.500 Jahren erbaut und war über 3.800 Jahre lang das höchste von Menschenhand geschaffene Bauwerk der Welt.

- Die Bibliothek von Alexandria, eine der größten Bibliotheken der Antike, wurde in mehreren Vorfällen zerstört, was zum Verlust unzähliger Texte führte.

- Leonardo da Vinci, der Universalgelehrte der Renaissance, schrieb in seinen Notizbüchern rückwärts, wahrscheinlich um seine Ideen geheim zu halten.

- Der "Schwarze Tod" des 14. Jahrhunderts tötete schätzungsweise 25 Millionen Menschen in Europa und reduzierte die Bevölkerung um fast ein Drittel.

- Der kürzeste Krieg der Geschichte fand 1896 zwischen Großbritannien und dem Sultanat Sansibar statt und dauerte nur 38 Minuten.

- Das Mongolische Reich unter der Führung von Dschingis Khan war das größte zusammenhängende Landreich der Geschichte und erstreckte sich auf seinem Höhepunkt über 23 Millionen Quadratkilometer.

- Der Stein von Rosette, der 1799 entdeckt wurde, half Sprachwissenschaftlern, die altägyptischen Hieroglyphen zu entschlüsseln, da er eine dreisprachige Inschrift trägt.

- Im antiken Rom war Purpur eine Farbe, die der Elite vorbehalten war, da der Farbstoff teuer war und aus einer bestimmten Meeresschneckenart hergestellt wurde.

- Der Hundertjährige Krieg zwischen England und Frankreich dauerte tatsächlich 116 Jahre, von 1337 bis 1453.

- Die Magna Carta, die 1215 unterzeichnet wurde, war das erste Dokument, das die Macht der englischen Monarchie einschränkte und die Grundlage für die moderne Demokratie legte.

- Die Berliner Mauer trennte Ost- und Westberlin von 1961 bis 1989 und symbolisierte die Teilung zwischen dem kapitalistischen Westen und dem kommunistischen Osten.

- Das Aztekenreich florierte im zentralen Mexiko, bevor es im frühen 16. Jahrhundert von spanischen Konquistadoren erobert wurde.

- Kleopatra VII. von Ägypten, die letzte Pharaonin des alten Ägypten, konnte mindestens neun Sprachen sprechen und war die erste Herrscherin der Ptolemäer, die Ägyptisch sprach.

- Der Große Brand von London im Jahr 1666 zerstörte einen Großteil der Stadt, führte jedoch zu verbessertem Städtebau und Bauvorschriften.

- Die Französische Revolution führte zum Aufstieg Napoleons Bonaparte, der sich schließlich zum Kaiser Frankreichs ernannte.

- Die Wikinger, bekannt für ihre Seeräuberei, errichteten auch Handelsrouten und Siedlungen in Europa und Nordamerika.

- Der Codex Hammurapi, eines der frühesten bekannten geschriebenen Gesetzeswerke, wurde um 1754 v. Chr. in Babylon auf einer Stele eingraviert.

- Die Gebrüder Wright führten 1903 den ersten motorisierten Flug durch, womit das Zeitalter der modernen Luftfahrt begann.

- Die mittelalterlichen Samurai Japans folgten einem strengen Ehrenkodex namens Bushido, der Loyalität, Mut und Selbstdisziplin betonte.

- Die antike Stadt Petra in Jordanien wurde vor über 2.000 Jahren von den Nabatäern in rotes Felsgestein gehauen.

- Die Inka-Ingenieure bauten die Stadt Machu Picchu hoch in den Anden ohne Mörtel, indem sie die Steine so eng aneinanderfügten, dass kein Mörtel nötig war.

- Die Seidenstraße war ein Netzwerk von Handelsrouten, das Asien und Europa verband und den Austausch von Seide, Gewürzen und Ideen ermöglichte.

- Die Kreuzzüge waren eine Reihe religiöser Kriege, die von europäischen Christen unternommen wurden, um Jerusalem und das Heilige Land von der muslimischen Kontrolle zurückzuerobern.

- Timbuktu in Mali war während des Mali-Reichs ein bedeutendes Handels- und Lernzentrum, berühmt für seine antiken Manuskripte und islamischen Universitäten.

- Der antike griechische Philosoph Sokrates wurde zum Tode verurteilt, weil er die Jugend von Athen "verdorben" hatte, und starb durch das Trinken von Schierlingsgift.

- Mansa Musa regierte im 14. Jahrhundert über das Mali-Reich, und sein enormer Reichtum an Gold machte ihn möglicherweise zum reichsten Menschen der Geschichte.

- Die Zivilisation im Industal verfügte über eine fortschrittliche Stadtplanung, wobei Städte wie Mohenjo-Daro ein Rasterlayout und Abwassersysteme aufwiesen.

- Die Phönizier, bekannt für ihre Seefahrtsfähigkeiten, entwickelten eines der ersten Alphabete, das moderne Schriftsysteme beeinflusste.

- Die Opiumkriege zwischen Großbritannien und China im 19. Jahrhundert führten zur Abtretung Hongkongs an die Briten.

- Die Sumerer, eine der frühesten Zivilisationen der Welt, erfanden das Rad, die Keilschrift und den ersten bekannten Kalender.

- Die Emanzipationserklärung, die 1863 von US-Präsident Abraham Lincoln erlassen wurde, erklärte die Sklaven in den Konföderierten Staaten für frei.

- Die alten Römer hatten öffentliche Badehäuser, Aquädukte und Abwassersysteme, was ihre fortschrittliche Ingenieurskunst zeigte.

- Das Goldene Zeitalter des Islam, das vom 8. bis zum 14. Jahrhundert dauerte, war eine Zeit des kulturellen und wissenschaftlichen Aufschwungs in der muslimischen Welt.

- Die Chinesische Mauer, die über mehrere Dynastien hinweg errichtet wurde, wurde zum Schutz vor Invasionen nomadischer Stämme aus dem Norden gebaut.

- Die Statuen auf der Osterinsel, bekannt als Moai, wurden von den Rapa Nui zwischen 1400 und 1650 n. Chr. aus Vulkangestein gehauen.

- Das Zeitalter der Entdeckungen im 15. und 16. Jahrhundert ermöglichte es europäischen Entdeckern wie Columbus und Magellan, ihre Reiche auf der ganzen Welt auszudehnen.

- Die Neolithische Revolution markierte den Übergang von Jäger- und Sammlergesellschaften zu sesshafter Landwirtschaft und führte zum Aufstieg der ersten Städte.

- Das Mittelalter war durch den Feudalismus geprägt, bei dem Land von Adligen besessen und von Bauern bewirtschaftet wurde.

- Das Osmanische Reich, das über 600 Jahre lang bestand, kontrollierte weite Teile Südosteuropas, Westasiens und Nordafrikas.

- Der erste erfolgreiche Impfstoff wurde Ende des 18. Jahrhunderts von Edward Jenner entwickelt, um Pocken zu verhindern.

- Das Königreich Kusch im antiken Nubien (heutiger Sudan) rivalisierte mit Ägypten und herrschte sogar als 25. Dynastie über Ägypten.

- Die Spanische Inquisition wurde 1478 eingerichtet, um die katholische Orthodoxie in Spanien zu wahren, erlangte jedoch wegen ihrer brutalen Verfolgungen traurige Berühmtheit.

- Der Roswell-Zwischenfall von 1947 führte zu weitverbreiteten Spekulationen über außerirdisches Leben und befeuerte moderne Verschwörungstheorien.

- Die Niederländische Ostindien-Kompanie war eines der ersten multinationalen Unternehmen der Welt und dominierte den globalen Handel im 17. Jahrhundert.

- Die Französische Revolution führte zur Schreckensherrschaft (Reign of Terror), während der Tausende Menschen durch die Guillotine hingerichtet wurden.

- Der Vertrag von Versailles, der den Ersten Weltkrieg beendete, verhängte harte Reparationen gegen Deutschland und trug zum Aufstieg des Zweiten Weltkriegs bei.

- Die Irische Kartoffel-Hungersnot der 1840er Jahre führte zu einer massiven Auswanderungswelle von Iren in die Vereinigten Staaten.

- Der Marshall-Plan, der nach dem Zweiten Weltkrieg initiiert wurde, half beim Wiederaufbau Europas und verhinderte die Ausbreitung des Kommunismus.

- Die Weltwirtschaftskrise der 1930er Jahre führte nach einem globalen Börsencrash zu Massenarbeitslosigkeit und Armut.

- Die Vereinten Nationen wurden 1945 gegründet, um nach den Verwüstungen des Zweiten Weltkriegs Frieden zu fördern und zukünftige Kriege zu verhindern.

- Der altägyptische Pharao Echnaton versuchte, den Monotheismus durchzusetzen, indem er ausschließlich den Sonnengott Aton verehrte.

- Die spanischen Konquistadoren brachten Pferde nach Amerika, die von den indigenen Stämmen für die Jagd und Kriegsführung übernommen wurden.

- Die Russische Revolution von 1917 führte zur Gründung der Sowjetunion unter Wladimir Lenin und später unter Josef Stalin.

- Der Trojanische Krieg, der in Homers "Ilias" beschrieben wird, soll um das 12. Jahrhundert v. Chr. stattgefunden haben, obwohl seine historische Authentizität umstritten ist.

- Die Renaissance war eine Epoche erneuerten Interesses an klassischer Bildung, Kunst und Wissenschaft, die im 14. Jahrhundert in Italien begann.

- Der Große Sprung nach vorn, eine von Mao Zedong geführte Kampagne in China, führte zu weit verbreiteter Hungersnot und dem Tod von Millionen Menschen.

- Die Reformation, angeführt von Martin Luther im 16. Jahrhundert, führte zur Spaltung des Christentums in die katholische und die protestantische Konfession.

- Das Manhattan-Projekt während des Zweiten Weltkriegs entwickelte die ersten Atomwaffen, die zu den Bombardierungen von Hiroshima und Nagasaki führten.

- Der Codex Justinianus, eine Sammlung römischer Gesetze, beeinflusste maßgeblich die Entwicklung moderner Rechtssysteme.

- Die Haitianische Revolution von 1791-1804 war der einzige erfolgreiche Sklavenaufstand, der zur Gründung Haitis als unabhängige Nation führte.

- Die Hexenprozesse von Salem im Jahr 1692 führten zur Hinrichtung von 20 Menschen und markieren eine dunkle Periode religiöser Hysterie im kolonialen Amerika.

- Die Ahnen der Pueblo-Völker, auch als Anasazi bekannt, bauten vor etwa 1.000 Jahren Klippenwohnungen im Südwesten der USA.

- Die Berliner Konferenz von 1884-1885 regelte die europäische Kolonialisierung Afrikas und führte zum "Wettlauf um Afrika."

- Irische Mönche bewahrten während des "Dunklen Zeitalters" viele klassische Texte und trugen zur karolingischen Renaissance bei.

- Das Sinken der Titanic im Jahr 1912 forderte über 1.500 Menschenleben und führte zu Verbesserungen in der Schifffahrtssicherheit.

- Die Schlacht von Stalingrad im Zweiten Weltkrieg war eine der tödlichsten Schlachten der Geschichte und forderte über eine Million Opfer.

- Die Schlacht von Waterloo im Jahr 1815 markierte die Niederlage Napoleons Bonaparte und beendete die Napoleonischen Kriege.

- Die Französische Revolution verwandelte Frankreich von einer Monarchie in eine Republik und legte den Grundstein für die moderne Demokratie.

- Die älteste bekannte Stadt der Welt, Jericho, im heutigen Palästina, ist seit über 11.000 Jahren ununterbrochen bewohnt.

- Die Maya-Zivilisation hatte ein fortschrittliches Kalendersystem und eine komplexe Schrift, brach jedoch um das 9. Jahrhundert n. Chr. auf mysteriöse Weise zusammen.

- Die ersten dokumentierten Olympischen Spiele fanden 776 v. Chr. in Olympia, Griechenland, statt, mit nur einem Wettkampf: einem Fußrennen.

- Das Römische Kolosseum konnte bis zu 50.000 Zuschauer fassen und war Schauplatz von Gladiatorenkämpfen, Tierjagden und Seeschlachten.

- Der Erste Opiumkrieg zwischen Großbritannien und China endete mit dem Vertrag von Nanking, der die Öffnung chinesischer Häfen für den Außenhandel ermöglichte.

- Der Orden der Tempelritter, ein mittelalterlicher christlicher Militärorden, wurde reich und einflussreich, bevor er im 14. Jahrhundert aufgelöst wurde.

- Die alten Griechen glaubten, dass das Orakel von Delphi die Zukunft vorhersagen könne, und Führer suchten seinen Rat.

- Das Manhattan-Projekt während des Zweiten Weltkriegs entwickelte die ersten Atomwaffen, die zu den Atombombenabwürfen auf Hiroshima und Nagasaki führten.

- Die Sumerer Mesopotamiens, eine der ersten Zivilisationen der Welt, entwickelten das früheste bekannte Schriftsystem, die Keilschrift.

- Die Maya-Zivilisation hatte ein fortschrittliches Kalendersystem und nutzte ausgefeilte astronomische Beobachtungen.

Sport und Spiele

- Das längste Tennismatch der Geschichte dauerte über 11 Stunden und wurde 2010 bei Wimbledon zwischen John Isner und Nicolas Mahut gespielt.

- Die FIFA-Weltmeisterschaftstrophäe wurde 1966 gestohlen und eine Woche später in London von einem Hund namens Pickles gefunden.

- Golf gehört zu den wenigen Sportarten, die auf dem Mond gespielt wurden; Astronaut Alan Shepard schlug während der Apollo-14-Mission zwei Golfbälle.

- Der kürzeste Boxkampf aller Zeiten dauerte nur 4 Sekunden, nachdem Mike Collins 1947 Pat Brownson mit einem einzigen Schlag k.o. schlug.

- Das schnellste Tor im Fußball wurde 1998 von Nawaf Al Abed in einem saudischen Ligaspiel nach nur 2,4 Sekunden erzielt.

- Die Olympischen Spiele waren ursprünglich ein religiöses Fest im antiken Griechenland zu Ehren von Zeus und dauerten bis zu sechs Monate.

- Im Schach ereignete sich 1851 ein Phänomen, das als „Das unsterbliche Spiel" bekannt wurde, berühmt für seine bemerkenswerte taktische Spielweise von Adolf Anderssen.

- Der erste Super Bowl fand 1967 zwischen den Green Bay Packers (NFL) und den Kansas City Chiefs (AFL) statt.

- Im antiken chinesischen Cuju, einer frühen Form des Fußballs, traten Soldaten Lederbälle in ein kleines Netz.

- In der Cricket-Saison 1921-1922 in Australien wurden an einem Tag 903 Runs erzielt, ein Rekord, der bis heute Bestand hat.

- Formel-1-Fahrer erleben während des Starts stärkere G-Kräfte als Astronauten aufgrund der hohen Geschwindigkeiten und schnellen Kurven.

- Lacrosse ist die älteste Mannschaftssportart in Nordamerika, die von den Irokesen und anderen indigenen Völkern vor der Ankunft der Europäer gespielt wurde.

- Der schwerste jemals aufgezeichnete Sumoringer, Yamamotoyama Ryūta, wog in seiner Hochphase über 270 Kilogramm.

- Tischtennis war von 1930 bis 1950 in der Sowjetunion verboten, da die Behörden es für schädlich für die Augen der Spieler hielten.

- Der Weltrekord im Luftanhalten unter Wasser liegt bei über 24 Minuten und wurde 2016 von Aleix Segura aufgestellt.

- Die erste dokumentierte Erwähnung von Baseball stammt aus dem Jahr 1744 in England, während der Sport im 19. Jahrhundert in den USA populär wurde.

- Einige professionelle Schachspieler verbrennen während eines Turniers bis zu 6.000 Kalorien pro Tag aufgrund der intensiven mentalen Konzentration.

- Die FIFA-Weltmeisterschaft ist das weltweit meistgesehene Sportereignis, mit über 3,5 Milliarden Zuschauern im Jahr 2018.

- Tauziehen war von 1900 bis 1920 eine olympische Disziplin, bei der fünfköpfige Teams an gegenüberliegenden Enden eines Seils zogen.

- Im Kabaddi, einem beliebten Sport in Südasien, muss ein Spieler Gegner berühren, während er den Atem anhält und „Kabaddi" ruft.

- Skateboarding war von 1978 bis 1989 in Norwegen aus Sicherheitsgründen verboten.

- Im Eton Wall Game, einer seltsamen Form des Fußballs, versuchen die Spieler, den Ball entlang eines schmalen Spielfelds an der Mauer zu bewegen.

- Die 42,195 Kilometer lange Marathondistanz wurde bei den Olympischen Spielen 1908 standardisiert, um die britische Königsfamilie zu berücksichtigen.

- Die längste Marathon-Tennis-Rallye umfasste 50.970 Schläge und dauerte 14 Stunden im Jahr 2017.

- Eddie Eagan ist der einzige Mensch, der sowohl bei den Winter- als auch bei den Sommerspielen olympische Medaillen gewann, Gold im Boxen und im Bobfahren.

- Im Rugby brachte ein "Try" ursprünglich keine Punkte, sondern bot nur die Möglichkeit, für ein Tor zu treten.

- Badmintonspieler schlagen Federbälle mit Geschwindigkeiten von über 320 km/h, was es zu einer der schnellsten Sportarten macht.

- Die Gymnastik hat ihre Wurzeln in alten griechischen Übungen, die dazu dienten, junge Männer auf den Krieg vorzubereiten.

- Der höchste jemals in einem Basketballspiel erzielte Punktestand betrug 100 Punkte, erreicht von Wilt Chamberlain im Jahr 1962.

- Das älteste bekannte Fecht-Handbuch stammt aus dem 14. Jahrhundert und beschreibt Techniken für das europäische Schwertkämpfen.

- In Japan kann ein Baseballspiel bei Gleichstand nach neun Innings unentschieden enden, eine Regel, die sich vom in den USA üblichen Extra-Innings-System unterscheidet.

- Im Australian Rules Football können die Spieler jeden Körperteil benutzen, um den Ball zu bewegen und Tore zu erzielen, indem sie ihn durch Torpfosten schießen.

- Der Moderne Fünfkampf basiert auf den Fähigkeiten, die ein Soldat im 19. Jahrhundert benötigte: Schießen, Fechten, Schwimmen, Reiten und Laufen.

- Jai Alai, beliebt in Spanien, wird mit einem gebogenen Korbhandschuh namens „Cesta" gespielt, um den Ball mit Geschwindigkeiten von bis zu 302 km/h zu werfen.

- Beim Eishockey bestanden die ursprünglichen Pucks aus gefrorenem Kuhdung, bevor sie durch Gummi und andere Materialien ersetzt wurden.

- Die Detroit Lions und Dallas Cowboys aus der NFL veranstalten seit den 1930er Jahren fast jedes Jahr Thanksgiving-Spiele.

- Korfball, ähnlich wie Basketball, wurde in den Niederlanden erfunden und erfordert, dass Teams aus männlichen und weiblichen Spielern bestehen.

- Joey Chestnut stellte im Wettessen einen Rekord auf, indem er während des Nathan's Hot Dog Eating Contest 2021 in 10 Minuten 76 Hotdogs aß.

- Das weltweit größte Schachbrett befindet sich in St. Louis, Missouri, mit Spielfiguren, die fast 2 Meter hoch sind.

- Snooker-Spieler tragen oft Kreide auf ihre Queue-Spitzen auf, um die Reibung zu erhöhen und die Kontrolle beim Stoß zu verbessern.

- Im modernen Fußball (Soccer) laufen die Spieler durchschnittlich 11 Kilometer pro Spiel.

- Das längste aufgezeichnete Cricket-Spiel dauerte 10 Tage und fand 1939 zwischen England und Südafrika statt, endete jedoch aufgrund des Reiseplans Englands unentschieden.

- Der Begriff "Hat-Trick" im Hockey stammt ursprünglich aus dem Cricket, wo Spieler Hüte erhielten, wenn sie drei Wickets in Folge erzielten.

- Polo ist eine der ältesten Mannschaftssportarten und wurde vor über 2.000 Jahren in Persien erfunden und zu Pferd gespielt.

- Basketball wurde 1891 von Dr. James Naismith erfunden, der als ersten Korb einen Pfirsichkorb verwendete.

- Die Tour de France wurde ursprünglich ins Leben gerufen, um eine Zeitung zu fördern, und ist heute das berühmteste Radrennen der Welt.

- In Cricket-Spielen für blinde Spieler enthält der Ball Kugellager, die rasseln, damit die Spieler ihn hören können.

- In den alten römischen Wagenrennen waren die Teams so beliebt, dass Fans oft Unruhen auslösten, wenn ihr Team verlor.

- Das längste Baseballspiel dauerte 33 Innings über acht Stunden und 25 Minuten und fand 1981 zwischen den Rochester Red Wings und den Pawtucket Red Sox statt.

- Beim Curling wischen die Spieler kräftig über das Eis, um die Reibung zu verringern und die Richtung und Entfernung des Steins zu kontrollieren.

Mythen und geheimnisvolle Artefakte

- Das Ungeheuer von Loch Ness, oder "Nessie", ist eine legendäre Kreatur, die angeblich im Loch Ness lebt, wobei Sichtungen bis ins 6. Jahrhundert zurückreichen.

- Die Phaistos-Scheibe ist eine Tonscheibe aus dem antiken Kreta mit unbekannten Symbolen, die Linguisten seit ihrer Entdeckung verwirren.

- In der philippinischen Folklore ist der Aswang ein gestaltwandelndes Wesen, das sich nachts in ein Monster verwandelt, aber tagsüber menschlich erscheint.

- Die Georgia Guidestones, 1980 errichtet, enthalten Inschriften, die Prinzipien für die Zukunft der Menschheit in mehreren Sprachen festlegen.

- In der nordischen Mythologie verbindet der Weltenbaum Yggdrasil die neun Reiche und dient als Achse des Universums.

- Das Voynich-Manuskript ist ein mysteriöses mittelalterliches Buch, das in einer nicht entzifferten Sprache mit seltsamen Illustrationen geschrieben ist.

- Der Phönix ist ein mythischer Vogel, der sich bei seinem Tod in Asche verbrennt und wiedergeboren wird, was Erneuerung und Unsterblichkeit symbolisiert.

- Die Moai-Statuen auf der Osterinsel bleiben ein architektonisches Rätsel, insbesondere hinsichtlich ihrer Größe und wie sie transportiert und aufgestellt wurden.

- Das Coral Castle in Florida wurde von Edward Leedskalnin allein mit riesigen Steinen erbaut, doch er hat nie seine Methode preisgegeben.

- Der Chupacabra, ein Wesen aus der lateinamerikanischen Folklore, saugt das Blut von Nutztieren und wird oft als reptilienartig beschrieben.

- Das Taos-Brummen ist ein niederfrequenter Ton, der von Bewohnern von Taos, New Mexico, berichtet wird, aber trotz Forschung bleibt seine Quelle unbekannt.

- Der Kraken, ein riesiges Meeresungeheuer aus der nordischen Mythologie, soll Seeleute terrorisiert und Schiffe in die Tiefe gezogen haben.

- In der hinduistischen Mythologie ist Hanuman, der Affengott, ein Symbol für Stärke und Hingabe und spielt eine zentrale Rolle im Epos „Ramayana".

- Der Minotaurus, ein halb Stier, halb Mensch aus der griechischen Mythologie, war in einem Labyrinth gefangen und wurde schließlich von Theseus getötet.

- Der kopflose Reiter aus Washington Irvings „Die Legende von Sleepy Hollow" basiert auf einer alten europäischen Geistergeschichte.

- Die Cailleach, eine Hexe in der schottischen und irischen Mythologie, kontrolliert das Wetter und wird mit dem Winter in Verbindung gebracht.

- Die Grünen Kinder von Woolpit waren zwei Kinder, die im 12. Jahrhundert in einem englischen Dorf auftauchten und eine unbekannte Sprache sprachen.

- Die Tanzwut von 1518 in Straßburg führte dazu, dass Hunderte von Menschen wochenlang tanzten, bis sie vor Erschöpfung starben.

- Der Codex Gigas, oder „Teufelsbibel", ist ein mittelalterliches Manuskript mit einer ganzseitigen Illustration des Teufels und soll in einer einzigen Nacht geschrieben worden sein.

- König Arthurs legendäres Schwert, Excalibur, wurde entweder aus einem Stein gezogen oder von der Dame vom See überreicht, je nach Version der Legende.

- In der japanischen Folklore können Kitsune (Fuchsgeister) Menschen besitzen, sich in schöne Frauen verwandeln oder Glück bringen.

- Die Mary Celeste, ein amerikanisches Handelsschiff, wurde 1872 verlassen im Atlantik gefunden, obwohl es voll mit Vorräten beladen war.

- Die Dame in Weiß ist eine geisterhafte Gestalt, die in vielen Kulturen vorkommt und oft mit tragischen Liebesgeschichten oder Verrat verbunden ist.

- Die Wendeltreppe in der Loretto-Kapelle in Santa Fe hat keine sichtbare Stütze und soll von einem geheimnisvollen Zimmermann gebaut worden sein.

- Das Bermudadreieck, eine Region im Atlantik, ist berüchtigt für das unerklärliche Verschwinden von Schiffen und Flugzeugen.

- Stonehenge, ein alter Steinkreis in England, ist ein Rätsel hinsichtlich seiner Konstruktion und der Menschen, die es gebaut haben.

- Der Wendigo, ein Wesen aus der Algonkin-Folklore, symbolisiert unersättliche Gier und Hunger und jagt Menschen, die ihren Gelüsten erliegen.

- Das Tulli-Papyrus, ein antikes ägyptisches Dokument, beschreibt angeblich seltsame fliegende Objekte, was zu Theorien über frühe UFO-Sichtungen führte.

- Baba Yaga, eine Hexe aus der slawischen Folklore, lebt in einem Haus auf Hühnerbeinen und fliegt in einem Mörser und Stößel.

- Die Sphinx, ein mythisches Wesen mit dem Kopf einer Frau, dem Körper eines Löwen und den Flügeln eines Vogels, stellte Reisenden in der griechischen Legende Rätsel.

- Der Oak Island Money Pit ist eine mysteriöse Grube, die angeblich verborgene Schätze enthält, aber noch niemand hat den Grund erreicht.

- Die Ulfberht-Schwerter, hochwertige Wikingerklingen, bestehen aus so fortschrittlichem Stahl, dass Historiker ihre Herkunft nicht sicher erklären können.

- Die Stadt Atlantis, zuerst von Platon erwähnt, gilt als fiktiv, doch einige Entdecker suchen weiterhin nach ihrem Standort.

- Der Dogon-Stamm in Mali wusste über den Stern Sirius B Bescheid, bevor Teleskope ihn entdeckten, was Forscher verblüfft.

- Das Orakel von Delphi, eine antike griechische Priesterin, inhalierte Gase, um Visionen zu haben und Prophezeiungen zu machen.

- Die Nazino-Affäre in der Sowjetunion führte dazu, dass Siedler auf eine Insel geschickt wurden und aufgrund von Hunger zum Kannibalismus griffen.

- Der Antikythera-Mechanismus, ein antikes griechisches Gerät, das in einem Schiffswrack entdeckt wurde, soll Himmelsbewegungen wie ein früher Computer verfolgt haben.

- Der Jersey Devil, der angeblich in den Pine Barrens von New Jersey umherstreift, wird oft mit Hufen, Flügeln und einem pferdeähnlichen Kopf beschrieben.

- Der Yeti, auch als „Schneemensch" bekannt, soll im Himalaya leben und ist seit Jahrhunderten Teil der lokalen Folklore.

- Elfen in der isländischen Folklore sollen in Felsen und Hügeln leben, und es gilt als schlechtes Omen, ihre Häuser zu stören.

Wirtschaft und Währungen

- Der „Big Mac Index", erstellt von *The Economist*, nutzt den Preis eines Big Mac Burgers als Maßstab für die Kaufkraftparität zwischen verschiedenen Ländern.

- Simbabwe erlebte in den späten 2000er Jahren eine der schlimmsten Hyperinflationen der Geschichte, bei der sich die Preise täglich verdoppelten, was zur Ausgabe eines 100-Billionen-Dollar-Geldscheins führte.

- Der US-Dollar ist die am weitesten verbreitete Währung der Welt, mit über 60 % aller globalen Währungsreserven, die in Dollar gehalten werden.

- Das Volk der Yap in Mikronesien verwendete riesige Steinscheiben namens Rai-Steine als Währung, von denen einige bis zu 3,7 Meter im Durchmesser messen.

- Die Tulpenmanie im 17. Jahrhundert in Holland war eine der ersten dokumentierten Spekulationsblasen, bei der die Preise für Tulpenzwiebeln in die Höhe schossen, bevor sie zusammenbrachen.

- Das Bitcoin-Netzwerk verbraucht mehr Elektrizität als einige kleine Länder, aufgrund der Rechenleistung, die für das Mining erforderlich ist.

- Die Konferenz von Bretton Woods im Jahr 1944 etablierte den Internationalen Währungsfonds (IWF) und die Weltbank, die das globale Finanzsystem nach dem Zweiten Weltkrieg prägten.

- Während der Finanzkrise 2008 meldete Lehman Brothers die größte Insolvenz der Geschichte an, mit Schulden von über 600 Milliarden Dollar.

- Schweden bewegt sich schnell in Richtung einer bargeldlosen Gesellschaft, da über 80 % der Transaktionen jetzt elektronisch abgewickelt werden.

- In Venezuela zwang die Hyperinflation die Regierung 2018 dazu, fünf Nullen von ihrer Währung zu streichen, wodurch Banknoten fast wertlos wurden.

- Es wird angenommen, dass die alten Mesopotamier die ersten Formen der Schrift erfanden, um wirtschaftliche Transaktionen vor über 5.000 Jahren aufzuzeichnen.

- Die älteste bekannte Münze der Welt, der lydische Stater, wurde aus Elektron gefertigt und um 600 v. Chr. im Königreich Lydien (im heutigen Türkei) verwendet.

- Einige der ersten Papierwährungen wurden vor über 1.000 Jahren während der Tang- und Song-Dynastien in China verwendet.

- Der „Nixon-Schock" 1971 beendete die Konvertibilität des US-Dollars in Gold und somit das Bretton-Woods-System, was zum modernen Wechselkursregime führte.

- Die „Laissez-faire"-Ökonomie befürwortet minimalen staatlichen Eingriff in Märkte, ein Konzept, das vom Ökonomen Adam Smith stark vertreten wurde.

- Der Schweizer Franken gilt als eine der stabilsten Währungen der Welt und dient oft als „sicherer Hafen" in Zeiten wirtschaftlicher Turbulenzen.

- Nach dem Zweiten Weltkrieg wurden Zigaretten in Deutschland aufgrund der Knappheit anderer Waren als Währung verwendet.

- Während des Zweiten Weltkriegs verwendeten einige alliierte Kriegsgefangene in deutschen Lagern Monopoly-Geld, das in Care-Paketen verschickt wurde, um sich freizukaufen.

- Die Weltwirtschaft schrumpfte während der Weltwirtschaftskrise der 1930er Jahre um über 15 %, eine Zeit weitverbreiteter Arbeitslosigkeit und Armut.

- Der größte je gedruckte US-Banknote war der 100.000-Dollar-Goldschein, der ausschließlich für Transaktionen zwischen den Federal Reserve Banken verwendet wurde.

- Im antiken Rom wurden Soldaten manchmal mit Salz bezahlt, was zum Wort „Gehalt" (engl. „salary") führte, das sich vom lateinischen Wort „salarium" ableitet.

- Die Bank of England, die 1694 gegründet wurde, ist eine der ältesten Zentralbanken der Welt und begann zunächst als private Institution.

Pflanzen und Insekten

- Bambus ist die am schnellsten wachsende Pflanze der Welt; einige Arten können bis zu 90 Zentimeter an nur einem Tag wachsen.

- Die Venusfliegenfalle schnappt in weniger als einer Sekunde zu und fängt Insekten, indem sie ihre empfindlichen Haare nutzt, um Beute zu erkennen.

- Die Blätter der Riesen-Seerose können über drei Meter breit werden und sind stark genug, um ein kleines Kind zu tragen.

- Mistkäfer können Mistkugeln rollen, die das 1.100-fache ihres eigenen Gewichts wiegen, was dem Heben eines Elefanten durch einen Menschen entspricht.

- Glühwürmchen erzeugen ihr magisches Leuchten mithilfe spezieller Organe, die Licht ohne Wärme produzieren.

- Die Gottesanbeterin wiegt sich manchmal wie ein Blatt, um sich zu tarnen und unbemerkt an ihre Beute heranzuschleichen.

- Monarchfalter legen jedes Jahr bis zu 4.800 Kilometer zurück, um in Mexiko wärmeres Wetter zu finden und kalte Winter zu vermeiden.

- Die Wasserschlauchpflanze ist eine fleischfressende Pflanze, die kleine Wassertiere in winzigen Blasen einsaugt, wenn diese ausgelöst werden.

- Kannenpflanzen sehen aus wie hohe Krüge voller Wasser, nutzen jedoch süßen Nektar, um Insekten in ihr Inneres zu locken.

- Riesenmammutbäume können über 90 Meter hoch werden und bieten vielen Tieren Lebensraum.

- Der Atlasspinner ist eines der größten Insekten mit einer Flügelspannweite von fast 30 Zentimetern. Seine Flügel sehen aus wie Schlangenköpfe.

- Hummeln können durch das Schwingen ihrer Flügel "Brummen", was dabei hilft, den Pollen aus den Blüten zu lösen.

- Die Blüte der Leichenblume verströmt einen intensiven Geruch nach verrottendem Fleisch, um Fliegen anzulocken, die bei der Bestäubung helfen.

- Grüne Florfliegen stoßen einen stinkenden Geruch aus, um Raubtiere zu vertreiben, und ihre Larven tarnen sich, indem sie Schmutz verwenden.

- Einige Ameisen halten Blattläuse wie Bauern und schützen sie im Gegenzug für den süßen Honigtau, den sie produzieren.

- Der Blattschrecken besitzt Flügel, die genau wie Blätter aussehen, was ihm ermöglicht, sich perfekt vor Fressfeinden zu verstecken.

- Der Goldene Giftpfeilfrosch erhält seine giftige Haut, indem er giftige Insekten frisst, ist jedoch in Gefangenschaft ungefährlich.

- Der brasilianische Baumhüpfer sieht seltsam aus mit seinen hornartigen Auswüchsen, die wie zusätzliche Antennen wirken.

- Der Sonnentau ist eine fleischfressende Pflanze mit klebrigen Tentakeln, die Insekten fangen, die dann langsam verdaut werden.

- Die Hickoryhorn-Teufelsraupe sieht mit ihren stacheligen Hörnern furchteinflößend aus, ist aber für Menschen völlig harmlos.

- Wanderameisen können sogar schützende Zelte aus ihren Körpern bauen, um Schatten für die Königin und ihre Jungen zu spenden.

- Blattschneiderameisen betreiben winzige Pilzfarmen in ihren Nestern, indem sie Blätter sammeln, auf denen der Pilz wächst.

- Der Titan-Käfer gehört zu den größten Insekten und kann bis zu 17 Zentimeter lang werden. Seine Mandibeln sind stark genug, um einen Bleistift zu zerbrechen.

- Zikaden verbringen den größten Teil ihres Lebens unter der Erde, bevor sie alle 13 oder 17 Jahre an die Oberfläche kommen, um zu singen und Eier zu legen.

- Libellen können mit Geschwindigkeiten von bis zu 56 Kilometern pro Stunde fliegen und können wie ein Hubschrauber vorwärts, rückwärts und seitwärts fliegen.

- Die Wasserradpflanze, ein Verwandter der Venusfliegenfalle, fängt winzige Wasserlebewesen in ihren Unterwasserfallen.

- Wanderameisen arbeiten zusammen, um Brücken mit ihren Körpern zu bilden, damit sie Bäche und Lücken überqueren können.

- Die Titanwurz kann eine riesige Blüte entwickeln, die über drei Meter hoch wird und nach fauligem Fisch riecht, um Bestäuber anzulocken.

- Erbsenläuse können ihre eigenen farbigen Pigmente wie Pflanzen produzieren und sind damit eines der wenigen Tiere, die dazu in der Lage sind.

- Eichen produzieren jedes Jahr unterschiedlich viele Eicheln, um Tiere zu täuschen und zu verhindern, dass alle Samen gefressen werden.

Mode und Kleidung

- Hohe Absätze wurden ursprünglich von Männern im 17. Jahrhundert getragen, insbesondere vom französischen Adel, bevor sie für Frauen in Mode kamen.

- Jeans wurden 1873 von Jacob Davis und Levi Strauss als robuste Arbeitshosen für Goldgräber während des kalifornischen Goldrauschs erfunden.

- Das erste Modemagazin, „Journal des Dames et des Modes", wurde 1797 in Frankreich veröffentlicht und verbreitete Modetrends in ganz Europa.

- In viktorianischen England trugen Frauen „Krinolinen", große Reifröcke, die von Stahlrahmen gestützt wurden und manchmal Verletzungen und Unfälle verursachten.

- Der Kimono, ein traditionelles japanisches Kleidungsstück, ist über 1.000 Jahre alt und wird je nach Muster und Stoff für unterschiedliche Anlässe getragen.

- Der Begriff „Haute Couture", oder hohe Schneiderkunst, stammt aus Paris und ist rechtlich geschützt. Er darf nur für Modehäuser verwendet werden, die strenge Kriterien erfüllen.

- Im Mittelalter bestimmten Kleiderordnungen, wer bestimmte Farben oder Stoffe tragen durfte, wobei Purpur oft der Königsfamilie vorbehalten war.

- Während des Zweiten Weltkriegs zeichneten Frauen Linien auf ihre Beine mit Eyeliner, um Nylonstrümpfe zu imitieren, die wegen der Knappheit von Nylon rationiert wurden.

- Die moderne Krawatte entwickelte sich aus der Cravat, einem Stoffstück, das von kroatischen Söldnern im 17. Jahrhundert getragen wurde.

- Im 19. Jahrhundert führte der Fahrradboom dazu, dass Frauen „Bloomers" trugen, eine frühe Form von Hosen, die praktischer zum Radfahren waren.

- Reißverschlüsse, die 1893 erfunden wurden, wurden in der Mode populär, nachdem sie als praktischer Ersatz für Knöpfe und Haken vermarktet wurden.

- Die Farbe „Preußischblau" war eine bedeutende Entdeckung im frühen 18. Jahrhundert und markierte das erste moderne synthetische Pigment, das in Textilien verwendet wurde.

- Der Smoking, benannt nach Tuxedo Park in New York, wurde Ende des 19. Jahrhunderts als lässigere Alternative zu Fräcken eingeführt.

- In den 1970er Jahren wurden Plateauschuhe zu einem modischen Symbol, manche erreichten eine Höhe von über 15 Zentimetern und wurden von Musikern wie David Bowie getragen.

- Der Trenchcoat wurde von Thomas Burberry während des Ersten Weltkriegs als leichter, wasserdichter Mantel für britische Soldaten entworfen.

Berühmte Monster und Verschwörungstheorien

- Bigfoot, auch Sasquatch genannt, ist ein Kryptid, der oft als riesiger Affenmann in den Wäldern Nordamerikas beschrieben wird. Viele der Sichtungen und Fußabdrücke wurden jedoch als Scherze entlarvt.

- Der Piltdown-Mensch, ein Fossilienfund aus dem Jahr 1912, wurde einst als das "fehlende Bindeglied" zwischen Affen und Menschen angesehen, stellte sich jedoch später als Fälschung heraus, die aus menschlichen und Orang-Utan-Knochen bestand.

- Die *Protokolle der Weisen von Zion* ist ein gefälschter antisemitischer Text, der fälschlicherweise eine jüdische Weltverschwörung offenbart und im 20. Jahrhundert verwendet wurde, um Hass und Gewalt zu schüren.

- Der Cardiff Giant, angeblich ein versteinerter prähistorischer Mensch, war tatsächlich eine Gipsstatue, die als Streich im Bundesstaat New York vergraben und 1869 mit viel Aufregung entdeckt wurde.

- Die *Krieg der Welten*-Radiosendung von Orson Welles im Jahr 1938 verursachte weit verbreitete Panik, da die Zuhörer glaubten, Marsmenschen würden New Jersey angreifen, obwohl wiederholt darauf hingewiesen wurde, dass es sich um Fiktion handelte.

- Die Hitler-Tagebücher, angeblich persönliche Tagebücher von Adolf Hitler, wurden 1983 als Fälschung entlarvt, nachdem sie von Experten analysiert worden waren.

- Kornkreise, die oft Außerirdischen zugeschrieben werden, wurden in den 1970er Jahren von zwei britischen Scherzkeksen als Scherz geschaffen, was zu weltweiten Trends in der Herstellung von Kornkreisen führte.

- Die Verschwörung "Paul is Dead" behauptete, dass Paul McCartney von den Beatles gestorben und durch einen Doppelgänger ersetzt worden sei, angeheizt durch angebliche Hinweise auf ihren Albumcovern und in Liedern.

- Die Flat-Earth-Gesellschaft glaubt trotz jahrhundertelanger wissenschaftlicher Beweise, die die Kugelform der Erde belegen, weiterhin, dass die Erde eine flache Scheibe sei.

- Die Majestic-12-Verschwörung behauptet, die US-Regierung habe ein geheimes Komitee zur Untersuchung von UFOs gebildet, doch die Dokumente, die diese Theorie stützen, wurden weitgehend widerlegt.

- Beim Djatlow-Pass-Vorfall starben 1959 neun Wanderer in den Uralbergen unter mysteriösen Umständen, was zu Theorien über UFOs, Yetis und geheime Militärexperimente führte.

- Die Theorie der Hohlen Erde besagt, dass die Erde hohl sei und von fortgeschrittenen Zivilisationen oder Kreaturen bewohnt werde, wobei einige Anhänger behaupten, dass es geheime Eingänge an den Polen gebe.

- Project MKUltra war ein geheimes CIA-Programm, das Experimente zur Gedankenkontrolle und zu LSD durchführte, was nach seiner teilweisen Entklassifizierung zu vielen Verschwörungstheorien führte.

- Das Philadelphia-Experiment, ein angebliches US-Marine-Projekt von 1943, soll ein Schiff durch Raum und Zeit teleportiert haben, doch es gibt keine glaubwürdigen Beweise dafür.

- Die New-Coke-Verschwörungstheorie besagt, dass Coca-Cola absichtlich eine schlecht schmeckende "New Coke"-Formel herausbrachte, um den Verkauf von Classic Coke zu steigern.

- Operation Northwoods war ein vorgeschlagener Plan, falsche Anschläge durchzuführen, um eine US-Militärintervention in Kuba zu rechtfertigen, doch er wurde nie ausgeführt.

- Der internationale Flughafen von Denver ist Gegenstand von Verschwörungstheorien, die behaupten, dass dort geheime unterirdische Bunker und merkwürdige Wandgemälde auf eine Verschwörung einer globalen Elite hinweisen.

- Die CIA wurde beschuldigt, das Attentat auf John F. Kennedy organisiert zu haben, wobei widersprüchliche Beweise zu zahlreichen Theorien über seinen Tod geführt haben.

- Die Bilderberg-Gruppe, ein jährliches Treffen von politischen und wirtschaftlichen Führungskräften, wird oft beschuldigt, globale Politik und Wirtschaft heimlich zu kontrollieren.

- Die "Chemtrail"-Verschwörungstheorie behauptet, dass Kondensstreifen von Flugzeugen Chemikalien enthalten, die absichtlich zu unbekannten Zwecken versprüht werden.

- Die Geheimarchive des Vatikans, eine Sammlung vertraulicher Dokumente, werden verdächtigt, geheime Prophezeiungen und unterdrücktes Wissen zu enthalten.

- Die 5G-Verschwörungstheorie behauptet, dass 5G-Mobilfunknetze Krankheiten verursachen, obwohl wissenschaftliche Beweise solche Verbindungen widerlegt haben.

- Operation Gladio war ein geheimes NATO-Programm zur Abwehr potenzieller sowjetischer Invasionen, doch seine Existenz führte zu Theorien über laufende verdeckte Operationen in Europa.

- Die Cottingley-Feen waren Fotografien, die 1917 von zwei jungen Mädchen aufgenommen wurden und angeblich echte Feen zeigten. Später gaben die Mädchen jedoch zu, dass es sich um ausgeschnittene Zeichnungen handelte.

- Das Bermuda-Dreieck gilt als eine Region, in der Schiffe und Flugzeuge mysteriös verschwinden, aber Untersuchungen haben gezeigt, dass diese Vorfälle nicht häufiger auftreten als in anderen stark befahrenen Regionen.

- Die Mondlandungs-Verschwörung behauptet, dass die Apollo-Missionen zum Mond inszeniert wurden, wobei oft falsch interpretierte Fotobeweise angeführt werden, obwohl es überwältigende Beweise für den Erfolg der NASA gibt.

- Das Monster von Loch Ness, das angeblich im schottischen Loch Ness lebt, wurde durch ein berühmtes Foto von 1934 berühmt, das später als inszenierter Scherz entlarvt wurde.

Kriege und Schlachten

- Die Schlacht bei Marathon im Jahr 490 v. Chr. war ein entscheidender Sieg der Griechen gegen Persien und inspirierte den modernen Marathonlauf, der angeblich auf dem 42 Kilometer langen Lauf eines Soldaten nach Athen basiert.

- Hannibal überquerte während des Zweiten Punischen Krieges die Alpen mit Kriegselefanten, um die Römer zu überraschen und errang bedeutende Siege in Italien.

- Die Chinesische Mauer wurde ursprünglich zum Schutz vor nördlichen Invasionen errichtet, war jedoch nur mäßig erfolgreich, da sie nicht alle Angreifer abwehren konnte.

- Die Rüstung der mittelalterlichen Ritter war so schwer, dass sie oft Hilfe benötigten, um auf ihr Pferd zu steigen, und sie konnten ertrinken, wenn sie in tiefes Wasser fielen.

- Das Mongolische Reich schuf eines der größten und effizientesten Kommunikationsnetzwerke der Welt, das als Yam bekannt war, um Nachrichten schnell über weite Entfernungen zu übermitteln.

- Die Blitzkriegtaktiken, die von Deutschland im Zweiten Weltkrieg eingesetzt wurden, betonten schnelle Bewegungen von Panzern und Flugzeugen, die die Feinde überwältigten, bevor sie reagieren konnten.

- In der Schlacht von Stalingrad im Zweiten Weltkrieg kamen fast zwei Millionen Menschen ums Leben, und sie markierte einen Wendepunkt gegen das nationalsozialistische Deutschland.

- Das Trojanische Pferd, das in der griechischen Mythologie beschrieben wird, war ein großes hölzernes Pferd, das als Geschenk für Troja zurückgelassen wurde. Es enthielt griechische Soldaten, die die Stadttore für die angreifende Armee öffneten.

- Die antike griechische Phalanx-Formation war im Kampf äußerst effektiv, da die Soldaten mit langen Speeren und überlappenden Schilden gegenseitig Schutz boten.

- Sun Tzus *Die Kunst des Krieges*, das vor über 2.000 Jahren geschrieben wurde, bleibt eines der einflussreichsten Militärstrategiebücher und wird noch heute studiert.

- Die Taktik der verbrannten Erde, bei der Armeen Ressourcen zerstören, um zu verhindern, dass Feinde sie nutzen, wurde von Russland während Napoleons Invasion berühmt angewendet.

- Die Belagerung von Leningrad dauerte fast 900 Tage im Zweiten Weltkrieg und führte zum Tod von über einer Million Zivilisten durch Hunger und Bombardierungen.

- Das Inka-Reich nutzte ein System von Knotenschnüren, genannt Quipus, um militärische Informationen und Logistik über ihr weites Territorium zu erfassen.

- Der Kalte Krieg war geprägt von einem Wettrüsten zwischen den USA und der Sowjetunion, was zu massiven Nuklearwaffenarsenalen führte, jedoch ohne direkten Konflikt.

- Hannibals taktisches Genie zeigte sich in der Schlacht von Cannae, wo seine Truppen eine viel größere römische Armee einkesselten und vernichteten.

- Die Zulu-Krieger im südlichen Afrika waren für ihre Disziplin und innovativen Taktiken bekannt, insbesondere für ihre "Büffelhörner"-Formation.

- Die längste Belagerung in der Geschichte war die Belagerung von Candia (heute Heraklion) auf Kreta, die 21 Jahre (1648-1669) zwischen venezianischen und osmanischen Streitkräften dauerte.

- Die von Nazi-Deutschland verwendete "Enigma"-Maschine wurde schließlich von alliierten Codeknackern entschlüsselt, was half, wichtige Nachrichten abzufangen und zu entschlüsseln.

- Der Doolittle-Angriff im Zweiten Weltkrieg war eine kühne Bombenmission auf Tokio durch US-Streitkräfte, die Japans Verwundbarkeit nach Pearl Harbor demonstrierte.

- In der Schlacht an der Somme im Ersten Weltkrieg wurden erstmals Panzer im Kampf eingesetzt, was den Beginn der mechanisierten Kriegsführung markierte.

- Die alten Assyrer galten als eine der ersten, die eine stehende Berufsarmee aufstellten, die den Nahen Osten dominierte.

- Die Verwendung von Brieftauben für militärische Kommunikation reicht bis in die Antike zurück und war bis zum Ersten Weltkrieg weit verbreitet.

- Die Schlacht bei den Thermopylen, in der König Leonidas und seine 300 Spartaner kämpften, war eine heroische Verteidigung gegen die weit größere persische Armee.

- Die Kubakrise von 1962 brachte die USA und die Sowjetunion an den Rand eines Nuklearkriegs, konnte jedoch durch diplomatische Verhandlungen abgewendet werden.

- Napoleon Bonaparte war bekannt für seine innovativen Schlachtfeldtaktiken und nutzte oft Schnelligkeit und Täuschung, um größere Feinde zu überlisten.

- Die Schlacht bei Hastings im Jahr 1066, in der Wilhelm der Eroberer König Harold besiegte, war die letzte erfolgreiche Invasion Englands.

- Während des Amerikanischen Bürgerkriegs waren die USS *Monitor* und die CSS *Virginia* (Merrimack) die ersten Panzerschiffe, die sich im Seekampf gegenüberstanden, was die Seefahrt für immer veränderte.

- Der Stellungskrieg im Ersten Weltkrieg führte zu einem brutalen Patt an der Westfront, bei dem die Soldaten unter schrecklichen Bedingungen lebten und oft nur wenige Meter Boden gewannen.

- Die spanische Armada, die 1588 zur Invasion Englands gedacht war, wurde von kleineren englischen Schiffen und schlechtem Wetter schwer geschädigt, was zu einer verheerenden Niederlage für Spanien führte.

Verbrechen und Gefängnisse

- 1962 gelang drei Insassen (Frank Morris und den Brüdern John und Clarence Anglin) die Flucht aus Alcatraz, dem berüchtigten "ausbruchsicheren" Gefängnis, indem sie ein provisorisches Floß benutzten und Dummy-Köpfe in ihren Betten hinterließen. Ihr Schicksal bleibt ungeklärt.

- 1945 entkamen über 600 Gefangene und Wärter aus dem deutschen Kriegsgefangenenlager Stalag Luft III, in einem Ereignis, das als "The Great Escape" bekannt wurde. Viele von ihnen wurden nach dem Ausbruch wieder gefasst oder getötet.

- Der Ausbruch aus dem Maze-Gefängnis 1983, bei dem 38 IRA-Gefangene geschmuggelte Waffen nutzten, um die Wärter zu überwältigen und aus dem Hochsicherheitsgefängnis in Nordirland zu fliehen.

- El Chapo, der mexikanische Drogenbaron, entkam 2015 aus einem Hochsicherheitsgefängnis durch einen über einen Kilometer langen Tunnel, der von seiner Zelle aus gegraben wurde und über Beleuchtung und Belüftung verfügte.

- Die "Texas Seven" waren eine Gruppe von sieben Häftlingen, die im Jahr 2000 aus einem texanischen Gefängnis ausbrachen und über einen Monat auf der Flucht waren, bevor sie gefasst wurden.

- 1998 orchestrierten vier Häftlinge mithilfe eines geschmuggelten Handys einen Ausbruch aus einem brasilianischen Gefängnis, wobei ihre Komplizen ein nahegelegenes Haus mieteten und einen Tunnel unter die Gefängnismauern gruben.

- Der Attica-Gefängnisaufstand 1971 in New York führte zu einer der größten Gefängnisübernahmen, bei der die Insassen 42 Wärter vier Tage lang als Geiseln hielten, bevor die Behörden das Gefängnis stürmten.

- 2009 nutzten zwei Insassen Sägeblätter, um aus der Curran-Fromhold-Haftanstalt in Philadelphia auszubrechen, indem sie sich durch Gitter schnitten und an einem Seil aus Bettlaken hinunterkletterten.

- Der französische Gesetzlose Jacques Mesrine war bekannt dafür, mehrfach aus dem Gefängnis auszubrechen, einmal nahm er sogar einen Richter als Geisel während eines Ausbruchsversuchs.

- Der größte Raub in der Geschichte war die Plünderung der irakischen Zentralbank im Jahr 2003, bei der 1 Milliarde Dollar gestohlen wurde, angeblich auf Befehl von Saddam Hussein kurz vor dem Irakkrieg.

- In den späten 1970er Jahren erlebten die USA eine Welle von Serienmördern, darunter Ted Bundy, John Wayne Gacy und der Son of Sam, was das Land in Angst versetzte.

- Der Große Postzugraub von 1963, bei dem eine Bande von 15 Dieben 2,6 Millionen Pfund von einem Royal Mail-Zug in England stahl, was heute rund 50 Millionen Pfund entspricht.

- Der Kunstraub im Isabella Stewart Gardner Museum in Boston 1990, bei dem als Polizisten verkleidete Diebe 13 Kunstwerke im Wert von über 500 Millionen Dollar stahlen.

- Die "Operation Underworld" während des Zweiten Weltkriegs war eine Zusammenarbeit zwischen der US-Marine und der Mafia, um Sabotageakte der Achsenmächte in den Häfen von New York zu verhindern.

- Der Hatton Garden Einbruch in London (2015), bei dem ältere Diebe Diamantbohrer nutzten, um in einen Tresorraum einzubrechen und Schmuck und Bargeld im Wert von fast 14 Millionen Pfund zu stehlen.

- Der "Unabomber" Ted Kaczynski entging 17 Jahre lang der Festnahme, während er selbstgebaute Bomben an Wissenschaftler und Akademiker schickte, drei Menschen tötete und 23 verletzte.

- Die Schießerei in North Hollywood 1997 beinhaltete zwei Bankräuber, die mit Sturmgewehren und schusssicheren Westen bewaffnet waren, was zu einem 44-minütigen Feuergefecht mit der LAPD führte.

- Der berüchtigte Pirat Blackbeard (Edward Teach) kaperte ein französisches Sklavenschiff und machte es zu seinem Flaggschiff, der *Queen Anne's Revenge*.

- Das Valentinstags-Massaker von 1929, bei dem sieben Mitglieder der North Side Gang in Chicago getötet wurden, geschah angeblich auf Befehl von Al Capone.

- Der Green River Killer, Gary Ridgway, war einer der produktivsten Serienmörder in der Geschichte der USA und gestand, mindestens 49 Frauen über 20 Jahre hinweg ermordet zu haben.

- Pablo Escobar, der berüchtigte kolumbianische Drogenbaron, war so reich, dass er jährlich Tausende von Dollar für Gummibänder ausgab, um sein Bargeld zu bündeln.

- Das Ponzi-Schema, benannt nach Charles Ponzi, betrog in den 1920er Jahren Investoren, indem es hohe Renditen von Investitionen versprach, die nicht existierten.

- Der Brinks-Überfall in Boston (1950), bei dem fast 3 Millionen Dollar aus einem Geldtransporter-Depot gestohlen wurden, galt damals als "das Verbrechen des Jahrhunderts".

- Frank Abagnale, ein Meisterbetrüger und das Thema des Films *Catch Me If You Can*, gab sich als Pilot, Arzt und Anwalt aus und löste Schecks im Wert von über 2,5 Millionen Dollar ein.

- Die "French Connection" war eine Heroin-Schmuggeloperation in den 1960er Jahren, bei der Drogen über transatlantische Routen von der Türkei über Frankreich in die USA transportiert wurden.

- 1971 entführte D.B. Cooper ein Flugzeug und forderte 200.000 Dollar, bevor er mit einem Fallschirm absprang und verschwand, was zu einem der längsten ungelösten Fälle des FBI führte.

- Der Boston Strangler versetzte die Stadt in den 1960er Jahren in Angst, indem er 13 Frauen ermordete. Albert DeSalvo gestand die Taten, obwohl Zweifel an seiner Schuld bestehen.

- Die Entführung von Charles Lindberghs Säugling im Jahr 1932 führte dazu, dass das Kind des berühmten Fliegers aus dem Kinderzimmer entführt und Wochen später tot aufgefunden wurde.

- Der Lufthansa-Raub 1978, wie im Film *Goodfellas* dargestellt, war der größte Bargeldraub auf amerikanischem Boden zu dieser Zeit, bei dem rund 5 Millionen Dollar gestohlen wurden.

- Der "Pizza-Bomber"-Fall beinhaltete einen komplexen Banküberfall, bei dem der Täter eine Bombe an einem Pizzalieferanten befestigte, der dann gezwungen wurde, eine Bank zu überfallen.

- Der Zodiac-Killer verspottete die Polizei mit kryptischen Briefen in Kalifornien in den späten 1960er Jahren, wurde jedoch nie gefasst, und seine wahre Identität bleibt unbekannt.

- Bernie Madoff betrieb das größte Ponzi-Schema der Geschichte und betrog Investoren über mehrere Jahrzehnte hinweg um schätzungsweise 64,8 Milliarden Dollar.

- 1864 gelang es über 100 Unionssoldaten, sich aus dem von der Konföderation betriebenen Gefängnis Libby in Richmond, Virginia, durch einen Tunnel zu befreien.

- 2001 entkamen zwei verurteilte Mörder aus dem King County Jail in Seattle, indem sie die Toilette in ihrer Zelle entfernten und durch die Wände kletterten.

- Pascal Payet, ein französischer Krimineller, entkam dreimal aus dem Gefängnis mithilfe von Hubschraubern, die von Komplizen entführt wurden, und erlangte so Bekanntheit für seine gewagten Luftfluchten.

- Beim Ausbruch aus dem Dannemora-Gefängnis 2015 nutzten die Insassen Richard Matt und David Sweat Werkzeuge, um sich durch Stahlwände und Rohre zu schneiden, wurden jedoch nach einer wochenlangen Fahndung wieder gefasst.

Film und Kino

- "Titanic" (1997) war so teuer in der Produktion, dass es beinahe 20th Century Fox in den Ruin trieb, aber der Erfolg des Films machte ihn zum ersten Film, der über 1 Milliarde Dollar einspielte.

- "Star Wars" (1977) wurde von mehreren Studios abgelehnt, bevor es von 20th Century Fox übernommen wurde, wo es zu einem kulturellen Phänomen wurde und eine der erfolgreichsten Filmreihen startete.

- Die Hai-Animatronics in "Jaws" (1975) fielen so oft aus, dass Regisseur Steven Spielberg gezwungen war, Musik und Kameratechniken zu verwenden, um die Anwesenheit des Hais anzudeuten, was die Spannung erheblich erhöhte.

- In "Der Zauberer von Oz" (1939) trugen die Hauptcharaktere ursprünglich silberne Schuhe, die jedoch in rubinrote Pantoffeln geändert wurden, um die Technicolor-Technik voll auszunutzen.

- "Rocky" (1976) wurde in 28 Tagen mit einem Budget von weniger als 1 Million Dollar gedreht, wobei Sylvester Stallone das Drehbuch in nur drei Tagen schrieb.

- In "Die Schweigende der Lämmer" (1991) war Anthony Hopkins nur etwa 16 Minuten auf der Leinwand zu sehen, dennoch gewann er den Oscar als bester Hauptdarsteller.

- "Inception" (2010) war ursprünglich als Horrorfilm geplant, entwickelte sich jedoch zu einem Science-Fiction-Thriller über Träume.

- "Schindlers Liste" (1993) wurde fast vollständig in Schwarz-Weiß gedreht, außer für den roten Mantel eines kleinen Mädchens, der als starkes visuelles Symbol diente.

- "Das Dschungelbuch" (2016) setzte in der Animationstechnologie Maßstäbe, indem es fotorealistische Tiere und Umgebungen mithilfe von CGI zum Leben erweckte.

- "Avatar" (2009) nutzte umfangreich Motion-Capture-Techniken, um die Na'vi zu animieren und es den Schauspielern zu ermöglichen, in einer virtuellen Welt in Echtzeit zu spielen.

- "Gone with the Wind" (1939) setzte über 1.400 Statisten für die berühmte Szene ein, in der verletzte konföderierte Soldaten auf einem Bahnhofsgelände verstreut liegen.

- In "Pulp Fiction" (1994), der John Travoltas Karriere wiederbelebte, brachte Quentin Tarantino seinen unverwechselbaren nichtlinearen Erzählstil auf die Leinwand und wurde damit zum Kultregisseur.

- "Der Herr der Ringe"-Trilogie (2001-2003) wurde über 18 Monate hinweg in Neuseeland am Stück gedreht, wobei jede der drei Verfilmungen über 1.000 Spezialeffektaufnahmen beinhaltete.

- "Avengers: Endgame" (2019) brach den Rekord für den umsatzstärksten Film aller Zeiten und spielte weltweit über 2,8 Milliarden Dollar ein, womit er "Avatar" vom Spitzenplatz verdrängte.

- "Mad Max: Fury Road" (2015) verwendete über 90 % seiner Actionszenen mit praktischen Effekten statt CGI, was die Intensität und den Realismus des Films verstärkte.

- "La La Land" (2016) war ursprünglich für Miles Teller und Emma Watson vorgesehen, aber aufgrund von Besetzungsänderungen übernahmen Ryan Gosling und Emma Stone die Hauptrollen.

- "Spider-Man: Into the Spider-Verse" (2018) setzte auf eine bahnbrechende Animations-Technik, die CGI mit handgezeichneten Elementen kombinierte und so einen einzigartigen Comic-Look schuf.

- "The Shape of Water" (2017), inszeniert von Guillermo del Toro, zeigte eine stumme Protagonistin und eine Kreatur, für deren Kostümierung und Make-up täglich fast drei Stunden Arbeit nötig waren.

- "Frozen" (2013) wurde der umsatzstärkste Animationsfilm seiner Zeit, und das Lied "Let It Go" wurde zu einem weltweiten Phänomen, das auch den Oscar gewann.

- "Get Out" (2017), Jordan Peeles Regiedebüt, erhielt universelle Anerkennung und wurde für seine scharfe soziale Kommentierung von Rassismus gelobt.

- "Parasite" (2019) schrieb Geschichte, indem es als erster nicht-englischsprachiger Film den Oscar für den besten Film gewann.

- "Spider-Man: Into the Spider-Verse" (2018) nutzte einen bahnbrechenden Animationsstil, der CGI mit handgezeichneten Techniken mischte, um den Look eines Comicbuchs zu erzeugen.

- "Dunkirk" (2017), unter der Regie von Christopher Nolan, wurde mit IMAX-Kameras gedreht, um das epische Ausmaß der Evakuierung im Zweiten Weltkrieg einzufangen.

- "Interstellar" (2014) zeigte wissenschaftlich präzise Darstellungen von Wurmlöchern und schwarzen Löchern, mit Anleitung des Physikers Kip Thorne.

- "The Irishman" (2019) verwendete digitale Verjüngungstechnologie, um seine Stars jünger erscheinen zu lassen, wodurch Robert De Niro seinen Charakter über mehrere Jahrzehnte hinweg spielen konnte.

- "The Shape of Water" (2017), inszeniert von Guillermo del Toro, zeigte eine stumme Protagonistin und eine Kreatur, für deren Make-up und Prothesen täglich fast drei Stunden erforderlich waren.

- "Joker" (2019), eine düstere Ursprungsgeschichte, wurde zum umsatzstärksten R-rated-Film aller Zeiten und spielte weltweit über 1 Milliarde Dollar ein.

- "La La Land" (2016) sollte ursprünglich mit Miles Teller und Emma Watson in den Hauptrollen besetzt werden, aber Besetzungsänderungen führten dazu, dass Ryan Gosling und Emma Stone die Rollen übernahmen.

- "Black Panther" (2018) war der erste Superheldenfilm, der eine Oscar-Nominierung für den besten Film erhielt, und gewann drei Oscars.

- "Coco" (2017) wurde von mexikanischen Traditionen des "Tag der Toten" inspiriert und hatte eine rein lateinamerikanische Sprecherriege.

- "Birdman" (2014) wurde so gefilmt, dass es aussieht, als ob der Film in einer ununterbrochenen Einstellung gedreht wurde, was eine nahtlose visuelle Erfahrung schafft.

- "A Quiet Place" (2018), inszeniert von John Krasinski, setzte stark auf Sounddesign und minimalen Dialog, um die spannungsgeladene Atmosphäre zu verstärken.

- "Roma" (2018) wurde in Schwarz-Weiß gedreht und zeigte nicht-professionelle Schauspieler, um eine authentische Darstellung des Mexikos der 1970er Jahre zu schaffen.

- "Moana" (2016) zog südwestpazifische Kulturexperten hinzu, um Genauigkeit in der Darstellung polynesischer Kultur und Mythologie sicherzustellen.

- "The Social Network" (2010) nutzte digitale Kompositionen, um es Schauspieler Armie Hammer zu ermöglichen, die beiden Winklevoss-Zwillinge überzeugend zu spielen.

- "Psycho" (1960) sorgte für solch einen Aufruhr, dass Alfred Hitchcock verlangte, dass niemand mehr nach Filmbeginn ins Kino gelassen wurde.

- "Der Pate" (1972) stand unter Druck durch die reale Mafia, die versuchte, die Produktion zu stoppen, aber schließlich vereinbarte, nicht zu stören, wenn das Wort "Mafia" im Film nicht verwendet wurde.

- "Matrix" (1999) führte den innovativen "Bullet Time"-Kameraeffekt ein, bei dem über 100 Standbildkameras verwendet wurden, um 360-Grad-Zeitlupenszenen zu erstellen.

- In "Jurassic Park" (1993) wurden eine Mischung aus CGI und praktischen Effekten verwendet, um die Dinosaurier für die damalige Zeit unglaublich realistisch zu gestalten.

- Heath Ledger blieb während der Dreharbeiten zu "The Dark Knight" (2008) die ganze Zeit in seiner Rolle als Joker und improvisierte viele seiner Dialoge.

- "Toy Story" (1995) war der erste vollständig computeranimierte Spielfilm und leitete damit das Zeitalter der CGI-animierten Filme ein.

- "E.T. - Der Außerirdische" (1982) nutzte Reese's Pieces, um E.T. anzulocken, nachdem M&M's eine Platzierung im Film abgelehnt hatte.

Musik und Instrumente

- Das teuerste Musikinstrument, das jemals verkauft wurde, ist eine Stradivarius-Geige, die für 15,9 Millionen Dollar versteigert wurde.

- Das Didgeridoo, ein indigenes australisches Instrument, gilt als eines der ältesten Blasinstrumente der Welt und ist über 1.500 Jahre alt.

- Der "Mozart-Effekt" deutet darauf hin, dass das Hören von klassischer Musik das räumliche Denkvermögen verbessern kann, obwohl seine langfristigen Auswirkungen umstritten sind.

- Beethoven begann in seinen späten 20ern, sein Gehör zu verlieren, und komponierte einige seiner größten Werke, während er fast taub war.

- Das Theremin ist ein einzigartiges elektronisches Instrument, das ohne physischen Kontakt gespielt wird, indem die Hände in der Nähe von zwei Metallantennen bewegt werden.

- Das Saxophon, heute ikonisch im Jazz, wurde ursprünglich von Adolphe Sax als klassisches Instrument erfunden.

- Die menschliche Stimme kann mehrere Töne gleichzeitig erzeugen, eine Technik, die als Obertongesang bekannt ist und von den Kulturen der Tuwiner und Inuit genutzt wird.

- Einige Rockbands haben ungewöhnliche Instrumente wie Schreibmaschinen, Bohrmaschinen und Staubsauger in ihre Aufführungen integriert.

- Das längste Konzert mit mehreren Künstlern dauerte über 18 Tage und fand in Kanada statt.

- Das Kontrafagott ist das tiefste Holzblasinstrument und über 5 Meter lang.

- Das Spielen eines Instruments beansprucht fast alle Bereiche des Gehirns und kann das Gedächtnis, die Koordination und die Fähigkeit zum Multitasking verbessern.

- In der westlichen klassischen Musik spielt die Oboe oft den "Stimmton" für das Orchester, an dem sich alle anderen Instrumente orientieren.

- "Die Vier Jahreszeiten" von Vivaldi gilt als eines der ersten Beispiele für Programmmusik, die für jede Jahreszeit bestimmte Bilder hervorruft.

- Gitarrensaiten wurden historisch aus Tierdärmen hergestellt, was den Begriff "Catgut" prägte, obwohl sie häufiger von Schafen stammen.

- Jazzmusiker verwenden oft den Begriff "Woodshed", um sich auf das Üben in Abgeschiedenheit zu beziehen, möglicherweise stammend von Musikern, die in Außenhäuschen übten.

- Das Marimba, eine Art Xylophon aus Afrika und Lateinamerika, hat Resonanzröhren unter den Tasten, um den Klang zu verstärken.

- Okarinas, Blasinstrumente, die oft aus Ton hergestellt werden, sollen von antiken Zivilisationen in Amerika und Asien gespielt worden sein.

- Der Inuit-Kehlgesang wird traditionell als freundschaftlicher Wettstreit zwischen zwei Frauen durchgeführt, um zu sehen, wer am längsten durchhält.

- Das Mbira, ein afrikanisches Daumenklavier, verwendet Metallzungen, die an einem Holzbrett befestigt sind, und hat oft Flaschendeckel oder Muscheln, die einen summenden Klang erzeugen.

- Antike griechische Amphitheater waren mit fortschrittlicher Akustik ausgestattet, die es dem Publikum von Tausenden ermöglichte, Redner auf der Bühne zu hören.

- Die Glasharmonika, entworfen von Benjamin Franklin, erzeugt geisterhafte Töne, indem unterschiedlich große Glasgefäße gedreht werden.

- Ein Klavier hat über 12.000 Einzelteile, und der Bau eines Konzertflügels dauert etwa ein Jahr.

- Die weltweit größte Orgel mit über 33.000 Pfeifen befindet sich im Boardwalk Hall Auditorium in Atlantic City, New Jersey.

- Eine einzige Geige besteht aus über 70 Holzstücken, die sorgfältig zusammengeklebt und angepasst werden.

- Das kürzeste Musikstück, "As Slow as Possible", wird in Deutschland aufgeführt und soll 639 Jahre dauern.

- Die größte spielbare Tuba erfordert zwei Personen zum Spielen und ist über 2 Meter hoch.

Impressum

PTS Publishing

Ludwig-Thoma-Ring 54, 84137 Vilsbiburg, Deutschland

Jahr der Veröffentlichung: 2024

ISBN: 9798343275971

1. Auflage

Made in United States
Orlando, FL
18 December 2024

56040013R10086